Religion und Religionsunterricht

Darmstädter Theologische Beiträge zu Gegenwartsfragen

Herausgegeben von Walter Bechinger
und Uwe Gerber

Band 7

PETER LANG

Frankfurt am Main · Berlin · Bern · Bruxelles · NewYork · Oxford · Wien

Uwe Gerber
Peter Höhmann
Reiner Jungnitsch

Religion und Religionsunterricht

Eine Untersuchung
zur Religiosität Jugendlicher
an berufsbildenden Schulen

PETER LANG

Europäischer Verlag der Wissenschaften

Die Deutsche Bibliothek - CIP-Einheitsaufnahme

Gerber, Uwe:

Religion und Religionsunterricht : eine Untersuchung zur
Religiosität Jugendlicher an berufsbildenden Schulen / Uwe
Gerber, Peter Höhmann, Reiner Jungnitsch. - Frankfurt am Main ;
Berlin ; Bern ; Bruxelles ; New York ; Oxford ; Wien : Lang, 2002
   (Darmstädter Theologische Beiträge zu Gegenwartsfragen ;
   Bd. 7)
   ISBN 3-631-39247-8

Gedruckt mit freundlicher Unterstützung der
Evangelischen Kirche in Hessen und Nassau
und der Diözese Mainz.

ISSN 0948-4736
ISBN 3-631-39247-8

© Peter Lang GmbH
Europäischer Verlag der Wissenschaften
Frankfurt am Main 2002
Alle Rechte vorbehalten.

www.peterlang.de

Vorwort

Nicht nur Religionslehrer und Religionslehrerinnen an berufsbildenden Schulen halten ab und zu inne und versuchen zu resümieren, ob und wie sich die Religiosität „ihrer" Jugendlichen verändert hat. Auch die Hauptberuflichen, Nebenamtlichen und Ehrenamtlichen in der außerschulischen Jugendarbeit stoßen ständig auf diese Problematik, die sicher mit dem 11. September 2001 einen Interesse-Schub erhalten hat. Ebenso interessieren sich Kirchen, Jugendbildungsinstitutionen, Fachhochschulen und Hochschulen, und zwar nicht nur diejenigen mit Lehrerausbildung, Schulbehörden aller Ebenen von den Schulleitungen bis zu Ministerien, Betriebe, Arbeitgeber und Gewerkschaften für diese Thematik, geht es doch zugleich um das Fach Ethik, Praktische Philosophie, Werte und Normen, LER. Die meisten der genannten Betroffenen erwarten vom Berufsschulreligionsunterricht Sinnangebot, Lebensorientierung, Wertevermittlung – und nur wenige beharren auf weitgehenden religiösen Erfahrungen, die sie in der Begegnung mit anderen Menschen, mit der „Welt", gemacht haben in der Ambivalenz und in dem Widerspruch von kognitiviertem Sinn und vorausliegender (aber schon immer interpretierter) sinnlicher Wahrnehmung, von vorgegebenen und eigenen Lebensexperimenten, von positionierten Werten und vormoralischem Hereinbrechen des Anderen. Es geht um eine Wieder-Entdeckung von kritischer, ambivalenter, offener Religiosität in einer Zeit gefährlicher Politisierungen und Funktionalisierungen von Religion, die derzeit aus verschiedenen Interessen heraus angeboten und meist für Zwecke der Integration, Akzeptanzbeschaffung, Werte- und Kulturharmonisierung formuliert werden.

Dies ist der Horizont unserer Befragungen Jugendlicher an berufsbildenden Schulen zwischen 1998 und 2000 gewesen. Und es hat sich gezeigt, dass hier Veränderungen in der Religiosität Jugendlicher aufweisbar sind und damit neue Fragen auch an den Berufsschulreligionsunterricht entstanden sind. Der Schlußsatz unseres Dokumentations-, Interpretations- und Diskussionsbuches lautet entsprechend: Vielleicht trägt die Tatsache, dass sich religiöse und nicht-religiöse Menschen durch ihren Glauben, nicht aber durch ihre Werte oder ihren jeweiligen Gesellschaftsbezug unterscheiden, mit dazu bei, dieses Schulfach in Zukunft mit etwas milderen Augen zu betrachten.

Die vorliegende Untersuchung und Dokumentation wäre nicht durchführbar gewesen ohne die finanzielle, fachliche und auch personelle Unterstützung der beiden Kirchen: der Evangelischen Kirche in Hessen und Nassau und der Diözese Mainz. Wir danken beiden Kirchen für diese Unterstützung und legen dafür beiden sowohl Informationen als auch Hausaufgaben vor. Und wir danken den Religionslehrern und Religionslehrerinnen an den berufsbildenden Schulen, die sich an der dreimaligen Fragebogenaktion beteiligt und uns die Grundlagen für dieses Projekt geliefert haben. Wir hoffen, dass die vorliegende Publikation Gewinn, Ansporn und auch Anleitung sein kann.

Uwe Gerber, Peter Höhmann, Reiner Jungnitsch

Inhaltsverzeichnis

Peter Höhmann

Religiöse Orientierungen von Jugendlichen an berufsbildenden Schulen 91

Autorenverzeichnis

Uwe Gerber, Peter Höhmann, Reiner Jungnitsch

Einleitung

1. Methodische Vorbemerkung

Der folgende Bericht basiert auf einer Befragung unter Jugendlichen an berufsbildenden Schulen[1], die in insgesamt drei Befragungswellen, 1998, 1999 und 2000, in den Eingangsklassen des Religionsunterrichts durchgeführt wurden. Die drei Befragungen wurden ausführlich dargestellt in der Zeitschrift *Religionspädagogik an berufsbildenden Schulen* (4/98; 1/2000; 4/2000). Der vorliegende Bericht stellt die Gesamtauswertung dar.

Die Gesamtzahlen der Erhebungen:

	1998	1999	2000
Antwortbögen gesamt (Stück)	3018	1843	1615
Männlich %	45,4	40,6	39,9
Weiblich %	54,3	58,3	58,6
Evangelisch %	37,9	42,4	43,7
Katholisch %	36,4	32,8	24,5
muslimisch %	8,6	9,1	9,9
andere Konfessionen %	3,5	3,4	4,8
ungetauft %	11,1	7,3	10,4
ausgetreten %	-	1,7	3,2
Schüler %	24,7	37,0	28,0
Auszubildende in %	75,2	60,9	70,0

Die Befragungen wurden mittels eines Schneeballverfahrens organisiert. Die Erhebungsbögen wurden über die Religionslehrer weitergegeben und an die Schüler mit der Bitte verteilt, die einzelnen Fragen schriftlich zu beantworten.

---

[1] Es wird sprachlich nur dann in Schüler/Schülerinnen und Lehrer/Lehrerinnen differenziert, wenn dies aus sachlichen Gründen erforderlich ist. Weiterhin wird differenziert in berufsbildende (berufliche) Schulen insgesamt und Berufsschulen im Sinne der klassischen Teilzeitberufsschule. Und schließlich wird differenziert in Schüler/Schülerinnen und Auszubildende, sofern dies im Blick auf die Untersuchung relevant ist.

Diese Organisation ermöglicht auf der einen Seite, die Untersuchung mit einer recht großen Fallzahl durchzuführen. Auf der anderen Seite fordert sie dazu auf, Gültigkeit und Zuverlässigkeit der Erhebung einer besonderen Prüfung zu unterziehen.

Insgesamt sind die einzelnen Fragen aus vier Bereichen entnommen:
- Fragen über den Religionsunterricht an der Schule
- Fragen über die Einstellung zu Religion und Kirche
- Fragen über außerreligiöse Überzeugungen und Lebenseinstellungen
- Statistische Angaben zur Person

Die Antwortvorgaben waren überwiegend standardisiert. In jeder Erhebungswelle wurden jedoch gesondert einzelne offene Fragen, etwa zum Religionsunterricht oder zum Kirchenbild, gestellt.
Insgesamt wurden 6.476 Erhebungsbögen ausgewertet. Die Schüler stammten mit dem Schwerpunkt Südhessen aus folgenden Regionen Süd-Westdeutschlands:

Wohnort der befragten Schüler insgesamt (in %)

Wohnort	%
Großstädte EKHN[2] /Bistum Mainz	45,1
Rhein-Main Gebiet	11,3
Südhessen	30,0
Übrige Teile in Hessen und Rheinhessen	5,5
Andere Regionen (Bayern, Baden)	8,0
Insgesamt	99,9
N =	6.340

Die Übersicht zeigt die Konzentration der Befragung auf den südhessischen Raum. Sie zeigt zudem, dass der größte Teil der Schüler in einem städtischen Wohnumfeld lebt.
Für die Frage nach der Zuverlässigkeit der erhobenen Informationen wurde eine Überprüfung vorgenommen:
- Es wurde gefragt, ob die Antworten der Schüler im zeitlichen Ablauf der Erhebung ein unterschiedliches Muster zeigen. Hierzu wurden die Erhebungsbögen, die nach ihrem Eingang durchnumeriert waren, in drei Gruppen unterteilt. Die Antworten auf die standardisierten Fragen weisen in diesen Gruppen die

---

[2] EKHN = Evangelische Kirche in Hessen und Nassau.

gleichen Verteilungen auf. Dieses Resultat spricht dafür, dass das durchgeführte Schneeballverfahren die Ergebnisse nicht verzerrt hat.

- Weiter wurde geprüft, ob sich im Laufe der einzelnen Befragungswellen die regionale Verteilung und die Herkunftsorte der Schüler geändert haben. Auffällig ist in diesem Zusammenhang die hohe Stabilität innerhalb Südhessens und bei der Stadt-Land-Aufteilung. In der Zentralregion der Erhebung haben sich die angegebenen Durchschnittswerte nur wenig verändert. Markantere Veränderungen lassen sich besonders in den Randgebieten feststellen, auf die sich die Befragung erstreckt hat. In der 1. Erhebungswelle wohnten immerhin 14,6 % der Schüler in Baden und Bayern. In der 3. Welle waren dies nur noch 2,6 %. Die Unterschiede können in erster Linie auf die verschieden starke Ausdehnung des Schneeballverfahrens bezogen werden, mit dem in der ersten Erhebungswelle 3.018 Schüler, in der zweiten 1.843 und in der dritten 1.615 befragt werden konnten. In der Auswertung sind die Differenzen nicht ins Gewicht gefallen.

- Aufgrund der schriftlichen Befragung wurden schließlich die unterschiedlichen Antworten zwischen den einzelnen Schulen und, so weit dies möglich war, zwischen den einzelnen Schulklassen geprüft. Zwischen den Schulen gab es deutliche Unterschiede. Es ist interessant, diesen Differenzen weiter nachzugehen.

- Anhand der Daten der am stärksten ausgeweiteten ersten Befragungswelle wurde nach einem weiteren Einflussfaktor gefragt: Sind durch die konfessionelle Zusammensetzung der Klassen Einflüsse auf das Antwortverhalten zu beobachten? Der Religionsunterricht an berufsbildenden Schulen fand in der Regel in einer konfessionell gemischten Arbeitssituation statt. In der am stärksten gestreuten ersten Befragungswelle gab es unter den 83 identifizierten Klassen eine homogen evangelische, 6 homogen katholische, aber 50, in denen Protestanten, Katholiken, Muslime und Konfessionslose gemeinsam unterrichtet wurden. In zwei Fällen waren die Muslime stärkste Schülergruppe, zweimal waren es die Konfessionslosen. Aufgrund dieser unterschiedlichen Situation ist weitergehend zu prüfen, ob die verschiedenartige Zusammensetzung der Klassen die Antworten zur religiösen Orientierung oder zum Religionsunterricht beeinflusst.

Unter der methodischen Frage nach der Qualität der Daten kann jedoch davon ausgegangen werden, dass zumindest für die südhessische Region die Angaben und Einstellungen der Berufsschüler zuverlässig erhoben wurden.

2. BRU – ein chancenreiches Sorgenkind. Beobachtungen und Erfahrungen aus der Praxis

Ein Sorgenkind, so beschreibt allgemein das Wörterbuch, ist ein Kind, mit dem die Eltern – aus ihrer Perspektive und im Blick auf den gesellschaftlichen Kontext – viele Sorgen und Probleme haben. Diese Eltern, um im Bild zu bleiben, sind beim BRU bekanntlich „Vater Staat" und „Mutter Kirche". Daneben sind noch andere „Verwandte", die Partner im dualen System der Berufsschule, um prägenden Einfluß bemüht. Da keimt schon erster, leiser Argwohn, zumal einem anderen Sprichwort gemäß viele Köche meistens den Brei verderben.

Als Produkt verschiedenster Interessen sitzt der BRU schon immer zwischen allen Stühlen. Er soll es nach allen Seiten recht machen: dem staatlichen Auftrag schulischer Allgemeinbildung und fachlicher Ausbildung, dem kirchlichen nach Vermittlung der christlichen Religion und ihrer Auslegungsmöglichkeiten, dem Anliegen der Arbeitgeber nach auch ethisch-moralischer Qualifizierung der Auszubildenden sowie schließlich dem Wunsch der Schüler und Schülerinnen nach attraktiven Unterrichtsstunden. Diese Anforderungen setzen das Fach unter „Spannung" und erwarten von den Lehrkräften die Quadratur des Kreises, die bekanntlich trotz höchster Anstrengung nicht gelingen kann.

Die zwischen Anspruch und Wirklichkeit klaffenden Lücken veranlassen zu einem genaueren Hinsehen auf den BRU und bringen die Fraglichkeiten dieses Faches und seines Umfeldes auf den Punkt:

- *Wer sorgt sich im Ernstfall um den BRU?*
- *Lassen sich die Gründe zur Sorge noch präziser fassen?*

Die erste Frage erlaubt eine zweifache Lesart. Wer trägt Sorge für diesen Unterricht heißt: wer trägt organisatorisch, finanziell und inhaltlich zu seiner Installierung und Förderung bei? Wenn es auch nicht an wohlmeinenden Wortmeldungen und stützenden Erklärungen aus Politik und Wirtschaft fehlt, so deuten die überproportionalen Ausfallzahlen der Unterrichtsstunden in diesem Fach auf mangelndes Interesse und fehlendes Engagement hin. Das Sorgen liegt offenbar mehr auf seiten der Kirchen: Sie treten vehement für ein Verständnis von Bildung ein, das die Auszubildenden und späteren Arbeitnehmer und Arbeitnehmerinnen nicht nur als eine Funktionseinheit im Produktionsprozeß sieht, sondern als junge Menschen, die ihr Leben gestalten möchten, ernst nimmt. Diese strukturellen und bildungspolitischen Aspekte des BRU stehen hier aber weniger zur Debatte. Die meisten und größten Sorgen mit dem BRU machen sich die Religionslehrer und Religionslehrerinnen, oftmals zusammen mit Schülern und Schülerinnen. Fragen wir also einmal bei ihnen nach nach deren Alltagserfahrungen mit dem BRU, dann bekommen wir exemplarisch verschiedene Besorgnisse, Nöte, Erwartungen und Hoffnungen zur Antwort. Die Frage nach den Gründen der Sorge hat eben viele Gesichter:

1. Die schulische Situation vor Ort:

- Kürzungen in den Rahmenvorgaben der einzelnen Bildungsgänge und in den konkreten Unterrichtsangeboten treffen den BRU stärker als andere Fächer.

- Der BRU findet im Gefüge der berufsbildenden Schulen wie die anderen allgemeinbildenden Unterrichtsfächer eine nachgeordnete Beachtung.

- Durch ungünstige Positionierung im schulischen Tagesprogramm (Eckstunden) werden vielfach die gesetzlich eingeräumte Möglichkeit des Austritts aus dem konfessionellen Unterricht gefördert. Ein Ersatzunterricht, etwa Ethik, wird oft nicht eingerichtet.

- Die personelle Versorgung mit Lehrkräften bleibt weit hinter dem (gemeldeten oder faktischen Bedarf) zurück.

- Lehrkräfte mit dem Zweitfach Religion werden aufgrund angespannter personeller Situationen in den einzelnen Schulen immer wieder überproportional in ihrem Erstfach eingesetzt.

2. Reputation des Faches

Der BRU befindet sich ständig unter einem Legitimationsdruck. Sowohl Schulleitungen als auch Ausbildungsbetriebe, aber auch Kollegen und Kolleginnen anderer Fächer, Eltern und nicht zuletzt die Auszubildenden selbst stehen dem Fach oft reserviert bis ablehnend gegenüber. Deswegen müssen die Aufgaben des BRU über die grundgesetzliche Verankerung hinaus immer wieder neu formuliert und diskutiert werden. Diese permanente Rechtfertigungspflicht belastet vor allem die einzelnen Religionslehrer und Religionslehrerinnen.

Mit der fortschreitenden Säkularisierung und Entchristlichung unserer „postmodernen" Gesellschaft verschärft sich auch der Legitimationsdruck auf den BRU: Er wird als konfessionell gebundenes Unterrichtsfach einseitig als ein staatlicherseits privilegiertes Unternehmen und als kirchliches Sonderrecht in der öffentlichen Schule angesehen bzw. gerade wegen dieses Status angegriffen und für überflüssig erklärt.

3. Jugendliche als Adressaten des Unterrichts

Die Mehrheit der Jugendlichen hat keine religiöse (christliche) Sozialisation im herkömmlichen Sinne mehr durchlaufen. Kirchlich-gemeindliche Orientierungen sind marginal. Eine formale konfessionelle Zugehörigkeit zu einer Kirche hat für die meisten Schülerinnen und Schüler keine praktische Bedeutung mehr.

- Kenntnisse biblischer Überlieferung, kirchlicher Traditionen sowie christlich-ethischer Werthaltungen sind nur noch fragmentarisch vorhanden. So ist der BRU aufgefordert, neue religionsdidaktische und methodische Wege einer dialogischen Vermittlung einzuschlagen und die grundlegenden Inhalte und Intentionen immer wieder neu zu benennen.
- Die Kluft zwischen der Lebenswelt Jugendlicher, den dort geltenden Wertmaßstäben, Weltsichten, Ritualen, Interessen, Trends und Kommunikationsformen auf der einen Seite und den Welt- und Lebensdeutungen, Symbolen, Denk- und Sprachmustern der christlich-kirchlichen Traditionen andererseits läßt verstärkt nach korrelativen Brücken zwischen beiden „Welten" suchen. Es wird hier davon ausgegangen, daß sich religiöse Erfahrungen, gerade in ihren christlich-kirchlichen Interpretationen, in „weltlichen" Erfahrungen rekonstruieren lassen, geht doch christlicher Glaube gerade von der Mensch-Werdung Gottes (Inkarnation) aus.
- Den religions- und kirchenkritischen Einstellungen und Anschauungen der Jugendlichen stehen andere Beobachtungen gegenüber: Wenn Jugendliche von den Kirchen auch keine ansprechenden, motivierenden und plausiblen Antworten und Impulse mehr erwarten, so kann dennoch nicht von einer religionslosen Ju-

gend gesprochen werden. Sofern nämlich Religiosität stets eine Welt- und Lebensdeutung als auch entsprechende Symbolisierungen, Rituale, Sprachformen und Verhaltensweisen umfaßt, lassen sich auch bei Schülern und Schülerinnen Formen von Religiosität entdecken. Dafür gilt es den Blick zu schärfen, um mittels solcher Wahrnehmungen und Interpretationen ein besseres Verstehen der Lebenswelt Jugendlicher zu erreichen und religionsdidaktisch daraus Konsequenzen ziehen zu können. Was sich im BRU beobachten läßt, sollte sowohl mit Beobachtungen wie Werte-Verlust, Traditionsabbruch usw. thematisiert als auch unter Perspektiven wie Verschiebung, Wandel usw. verhandelt werden.

Wahrscheinlich ist der BRU der exemplarische Ort zur Entwicklung und Erprobung eines neuen Paradigmas religiöser Vermittlung, weil er dasjenige kirchliche Arbeitsfeld darstellt, das den breitesten Begegnungsraum mit der weithin säkularisierten gesellschaftlichen Wirklichkeit darstellt. Deswegen sollte gerade dem BRU große Aufmerksamkeit geschenkt und Unterstützung entgegengebracht werden.

Die hier angedeuteten Wandlungen in der Lebens-, Ausbildungs- und Arbeitswelt Jugendlicher, ihrer Einstellungen gegenüber (traditionell-kirchlich-christlichen) religiösen Denk-, Sprach- und Handlungsmustern, ihrer faktischen Lebenseinstellungen und Werthaltungen, ihrer „religiösen" Orientierungen, ihrer Strategien zur Bewältigung von Alltagsproblemen waren Anlaß und Gegenstand für die hier vorliegenden empirischen Erhebungen zwischen 1998 und 2000.

Abschließend soll eines der wichtigsten Ergebnisse schon in der Einleitung genannt werden: Religiöse Orientierungen und Wertorientierungen der Jugendlichen entstehen im Blick auf Kirche und Religionsunterricht extern und werden auch extern begründet. „Im Religionsunterricht erfolgt weder eine ethische noch eine tiefergehende religiöse Sozialisation. Damit verbunden ist zugleich, daß sich religiöse und säkulare Weltbilder nicht, oder nicht mehr gegenüber stehen, sondern in unterschiedlicher Weise miteinander verwoben sind. Vielleicht trägt die Tatsache, daß sich religiöse und nicht-religiöse Menschen durch ihren Glauben, nicht aber durch ihre Werte oder ihren jeweiligen Gesellschaftsbezug unterscheiden, mit dazu bei, dieses Schulfach in Zukunft mit etwas milderen Augen zu betrachten."

Uwe Gerber

Gegenwärtige und zukünftige Problemfelder des Berufsschulreligionsunterrichtes

O. Einleitung

Wer heute mit Berufsschulreligionsunterricht (BRU) zu tun hat: zunächst als Lehrer, Lehrerin und Schüler, Schülerin, in der Schulleitung, in der betrieblichen Ausbildung, dann als Vertreter von Handwerk, Industrie- und Handelskammer, DIHKT, Gewerkschaft, staatlichem Management, Politik, Kirche(n) und schließlich in der Ausbildung der Berufsschulreligionslehrer- und -lehrerinnen und deren Fort- und Weiterbildung – der stößt auf viele und vielfältige Problemfelder:

❖ Wie schlägt sich der rasche gesellschaftliche Wandel in den einzelnen Biographien, Lebensentwürfen, Chancen und Bedrohungen der Jugendlichen nieder? Welche Möglichkeiten bietet der rasche technologische Fortschritt und welche Zerstörungen richtet er an? Wie verändert die Mediatisierung unser Zusammenleben und Leben? Welche neuen Freiheiten, aber auch Zwänge wachsen den Jugendlichen in ihrer Situation zwischen Wahlfreiheit und Entscheidungszwang zu? Nachdem die großen Gesellschafts-Theorien mit Fortschritts- oder Zufallsentwürfen – etwa Kritische Theorie, Systemtheorie – ihre Relevanz einbüßen, müssen wir mit neuen Instrumentarien gesellschaftliche Zusammenhänge wahrzunehmen versuchen. (Kapitel 1)

❖ In einer Fun-orientierten Wissens- und Informationsgesellschaft verändern sich auch die traditionelle sakramental bestimmte (römisch-katholische) Religion der Erlösung und die traditionell durch Bibel-Auslegung und Predigt bestimmte (evangelische/protestantische) Religion der Versöhnung in eine Erleichterungsreligion. Nicht mehr die Nachahmung (Imitation) des "göttlichen Lebens", wie es exemplarisch der Gottessohn, Mönche, Nonnen, berufene Frauen und Männer vorgelebt haben, aber auch nicht mehr die säkularisierte, dem Gnadenbereich entwachsene Produktion der Welt „etsi deus non daretur" („als ob es Gott nicht gäbe") bestimmen das "religiöse Leben", sondern die Ver-Wandlung in Zeichen (Simulation). Dies erleichtert das Leben und Zusammenleben insofern, als eine neue Art von "Nachfolge" oder "Nachmachen" im Sinne von Anpassung an das selbstreferentielle Zeichen-System (Computer, Video, Fernsehen, Handy usw.) gefragt und ermöglicht wird. (Kapitel 2)

❖ Und wie stellt sich dabei die Jugendlichen-Generation dar? Sie bewegen sich nicht mehr in einem Entweder-oder-Modell, sondern praktizieren ein pluralistisches Und-Modell. Die Mehrzahl der Jugendlichen an berufsbildenden Schulen gehört dem "Unterhaltungsmilieu" an: Anpassung an die ihren Wünschen entsprechenden Angebote an Disco, Sport-Events, Peer-Gruppe, Auto. Je nach Einkommen, Elternhaus, Partnerschaft, Schulform kommen Elemente aus dem leicht elitären "Selbstverwirklichungsmilieu" und aus dem unteren kleinbürgerlichen "Harmoniemilieu" hinzu. Signifikant sind neuerdings die Bindung an das Elternhaus, der Wunsch nach Freundschaft, nach Heim und Familie, vermischt mit fatalistischen Einstellungen und teilweise tiefem Mißtrauen anderen Menschen gegenüber. Die Arbeit steht hoch im Kurs, aber so, dass die Jugendlichen die Arbeit auf sich und nicht sich auf die Arbeit beziehen. Das klassische Arbeitsethos ist damit nicht aufgehoben, wohl aber völlig verschoben. Klar ist den Jugendlichen, dass sich ihre persönliche und ihre Arbeits-Biographie in immer mehr Brüchen und Fragmentierungen vollziehen werden, was umgekehrt Ängste, Orientierungswünsche, eine engere Bindung an das Elternhaus hervorruft. Insgesamt vertritt die Generation @ einen pluralistischen Lebensstil, mit allen Vorteilen und Gefahren, mit Chancen und Ausgrenzungen, mit Gewinnen und Verlusten. Jugend ist der Promotion-Faktor schlechthin, was auf der Rückseite eine wachsende Gruppe chancenloser Jugendlicher produziert. (Kapitel 3)

❖ Arbeit ist nur das nur das halbe Leben – dies trifft die "subjektive" Seite der Jugendlichen. Die "objektive", gesellschaftliche Seite schlägt sich exemplarisch im Problem der Berufsausbildung nieder: Wozu bilden wir wen wie lange durch welche Maßnahmen in welchen Institutionen aus? Taugt die herkömmliche Berufsausbildung im dualen System noch für das Arbeiten in unserer Gesellschaft, wenn niemand mehr mit nur einem einzigen Beruf in der gleichen Firma lebenslang arbeiten wird, im Gegenteil, wenn er flexibel sein muß und sogar Arbeitslosigkeit ertragen können muß? Ist ein Grundausbildung (basic) mit modularer permanenter Weiterbildung angemessener? Oder sollten wir das duale System ganz aufgeben und wie die meisten europäischen Länder die betriebliche Ausbildung durch Zertifikats-Kurse begleiten? Was bringen die neuerdings etablierten einjährigen Ausbildungsgänge – so genannte theoriegeminderte Ausbildung – für

Warenausfahrer, Party-Service-Arrangeure u.ä.m.? Welche Erfordernisse wird die koplette Mediatisierung unserer Gesellschaft bringen und welche Folgen, etwa einer Ein-Drittel-Elite, wird dies zeitigen? Müssen wir weg von festen curricularen Inhalten und Bildung erst einmal als "Beweglichkeit" verstehen und dann entsprechend neu organisieren lernen, etwa in "Kompetenzzentren"? (Kapitel 4)

Wo bleibt der Berufsschulreligionsunterricht in diesen Mondernisierungen und Umbrüchen? Ein Berufen auf Artikel 7,3 GG genügt nicht; wir müssen heute weiterfragen. Unsere Gesellschaft und die Bürger und Bürgerinnen bilden ihre Identität nicht mehr über die christliche Geschichte und Tradition aus. Religion wird einerseits immer mehr abgelehnt in ihrer christlich-institutionel-len Form, aber andererseits durch den Einzelnen synkretisiert und expressiv verwandelt und inszeniert. Solche Religiosität lebt nicht von Harmonisierungs- und Einheitsvorstellungen, sondern erfährt und thematisiert gerade umgekehrt die Fragmentierung menschlichen Lebens und Zusammenlebens. So wird BRU zu einer sinnlich-körperlichen Wahr-Nehmungs-Praxis und Wahr-Nehmungs-Theorie, die gerade den anderen Menschen, den Fremden, das Andere in der Begegnungsgestalt von Natur (Tiere, Pflanzen, Licht, Luft, Wasser usw.) in den Vordergrund stellt. Der Wunsch vieler Jugendlicher nach Körper-Erfahrungen und einer „Nachreligion der Liebe" bewegt sich offensichtlich in diesen Dimensionen, so dass ein wahrnehmungsorientierter, sinnen-orientierter BRU ein Gewinn für alle Beteiligte sein kann. (Kapitel 5)

1.   Um welche Gesellschaft geht es? Das individualisierte "Und" und der verlorene "rote Faden"

1.1   Soziale Wärme wird wichtiger

Die gesellschaftliche – und gemeint ist in diesem Beitrag die typisch "westliche" Gesellschaft – und die individuell-persönliche Situation der Jugendlichen verändern sich ständig, was sich einerseits in anschaulichen Bezeichnungen für bestimmte Generationen niederschlägt: 68er-Generation[3], Null-Bock-Generation, 89er[4], Generation X[5]

---

[3] Vgl. H. Bude: Das Altern einer Generation. Die Jahrgänge 1938-1948. Frankfurt/M. 1995, wo die These entfaltet wird, dass die 68er „die erste und einzige Generation der untergegangenen Bundesrepublik" waren und entsprechend nach den 68ern die Gesellschaft gleichsam verflüssigt war.

bis hin zur gegenwärtig mitbestimmenden Lego- und @-Generation[6]. Und andererseits wird dieser Modernisierungswandel mit Apostrophierungen unserer Gesellschaft signalisiert wie Risiko-, Fun/Spaß-, Event/Erlebnis-, Multioptions-, Kommunikations-, Wellness-, Sinn-, postmoderne, spätmoderne (und andere) Gesellschaft.[7] Die reflexiv gewordene "postmoderne" Gesellschaft (oder Zweite Moderne)[8] ist geprägt durch das Ende der Großen Erzählungen wie Christentum, Volk, Nation, Wissenschaft und entsprechend durch zunehmende "Und"-Verbindungen, d.h. durch entlastende wie belastende Ambivalenzen.[9] Es zeigen sich z.t. gegenläufige Tendenzen wie Pluralisierung und monistisches Setzen auf Identität, Globalisierung und zugleich Individualisierung, "global village" und eher kommunitaristisch anmutende überschaubare Lebensformen und Gruppenbildungen, eine welt-ökonomische Fokussierung auf ein "System" und zugleich das Pochen auf persönliche Lebensgestaltung (mindestens im Privatbereich), gewaltbereiter Fundamentalismus und Toleranz bis zum "Laissez faire" im Rahmen einer Konsumgesellschaft, "System"-Vorgaben und zur Religion stilisierter Entscheidungshabitus, Technologie und Wissenschaft mit festen Setzungen einerseits und vielfältige "Suchbewegungen" andererseits.[10] Es sind eine fortschreitende Veröffentlichung aller Lebensbereiche durch Medien und eine

---

[4] Vgl. C. Leggewie: Die 89er. Portrait einer Generation. Hamburg 1995.

[5] D. Coupland: Generation X. Geschichten für eine immer schneller werdende Kultur. Hamburg 1992; vgl. K. Janke; S. Niehus: Echt abgedreht. Die Jugend der 90er Jahre. München 1995; Th. Ziehe: Zeitvergleiche. Jugend in kulturellen Modernisierungen. Weinheim/München 1991; K.M. Michels; T. Spengler (Hrsg.): Der Generationenbruch: Kursbuch Band 121. Berlin 1995.

[6] A. W. Opaschowski: Von der Generation X zur Generation @. Leben im Informationszeitalter, in: Aus Politik und Zeitgeschichte B 41/99, S. 10-16; ders.: Generation @. Die Medienrevolution entläßt ihre Kinder: Leben im Informationszeitalter. Hamburg/Ostfildern 1999.

[7] U. Beck: Die Risikogesellschaft. Auf dem Weg in eine andere Moderne. Frankfurt/M. 1986; ders.: Perspektiven der Weltgesellschaft. Frankfurt/M. 1997; hierzu U. Volkmann: Das schwierige Leben in der Zweiten Moderne – Ulrich Becks „Risikogesellschaft", in. U. Schiemanck; U. Volkmann: Soziologische Gegenwartsdiagnosen I. Eine Bestandsaufnahme. Opladen 2000, S. 23-40; U. Beck; W. Bonß (Hrsg.): Modernisierung der Moderne. Frankfurt/M. 2001 bzw. gekürzt in: Jahrbuch Arbeit und Technik. Bonn 2001, S. 265-298; D. Bell: The Coming of Post-Industrial-Society. New York 1973; N. Bolz: Die Sinngesellschaft. Düsseldorf 1997; St. Breuer: Die Gesellschaft des Verschwindens. Von der Selbstzerstörung der technischen Zivilisation. Hamburg 1992; P. Gross: Die Multioptionsgesellschaft. Frankfurt/M. 1994; ders.: Ich-Jagd. Im Unabhängigkeitsjahrhundert. Frankfurt/M. 1999; hierzu H. Abels: Sich dem „Mehrgott" verweigern – zu Peter Gross' „Multioptionsgesellschaft", in: U. Schiemanck; U. Volkmann: a.a.O., S. 91-107; R. Münch: Dynamik der Kommunikationsgesellschaft. Frankfurt/M. 1995; hierzu Th. Krohn: Explodierte Kommunikation, vernetzte Gesellschaft – Richard Münchs Analyse der Kommunikationsgesellschaft, in: U. Schiemack; U. Volkmann (Hrsg.): a.a.O., S. 41-56; C. Mühlhausen: Future Health. Der „Megatrend Gesundheit" und die Wellnessgesellschaft. Hrsg. Das Zukunftsinstitut. Kelkheim 2000

[8] Vgl. U. Beck; A. Giddens; S. Lash: Reflexive Modernisierung. Frankfurt/M. 1996; U. Gerber: Religiosität in der Postmoderne. Frankfurt/M. 1998; Artikel „Postmoderne", in: TRE XXVII. Berlin 1997; P. Bürger: Ursprung des postmodernen Denkens. Weilerswist 2000.

[9] Z. Bauman: Moderne und Ambivalenz. Aspekte der Eindeutigkeit. Hamburg 1992; H.R. Fischer; A. Retzer; J. Schweitzer (Hrsg.): Das Ende der großen Entwürfe. Frankfurt/M. 1992.

[10] Vgl. H.P. Siller (Hrsg.): Suchbewegungen. Synkretismus, kulturelle Identität und kirchliches Bekenntnis. Darmstadt 1991; R. Roth; D. Rucht (Hrsg.): Neue soziale Bewegungen in der Bundesrepublik Deutschland. 2. Aufl. Bonn 1991/Frankfurt/M. 1991.

gleichzeitige Verschiebung fast aller Entscheidungen auf den Einzelnen festzustellen, was zugleich mit einer noch nie dagewesenen Freisetzung des Einzelnen für seine risikoreichen Lebensentscheidungen verbunden ist. Dies bringt auf der Rückseite Erfahrungen der Entsozialisierung, Enttraditionalisierung, verbunden mit Vereinsamungs- und Überforderungssyndromen, mit sich.[11] Es wird eine „öffentliche" Flexibilität „ohne roten Faden" verlangt; die New Economy lebt von der schier grenzenlosen Anpassungsfähigkeit, der chamäleongleichen Verwandlungskompentenz und damit von der Auflösung des öffentlichen Individuums, das umgekehrt mit dem Verschwinden von Öffentlichkeit als des Forums gesellschaftlicher Erfahrungen und kulturellen Austausches seinerseits der „Tyrannei der Intimität" unterworfen wird.[12] Als ein Beispiel für diese Prozesse kann das Phänomen der Sexualität genannt werden: frei zugängliche Darstellung und Vermarktung im Fernsehen und Kino, durch Video und im Internet bis hin zu gemäßigten „pornochicen" Werbepostern und schließlich zur Gewalt-Pornographie einerseits und gleichzeitige Privatisierung, Individualisierung, Delegation der Ausübung an den Einzelnen ohne Möglichkeit und Notwendigkeit von Aufklärung andererseits zeichnen sich ab; der Einzelne muß aushandeln, was er oder sie an Sexualität machen und erhalten möchte.[13]

1.2 Auf die Entscheidung des Einzelnen kommt es an

Der springende Punkt für Jugendliche liegt in dem über Konsumangebote sich aufdrängenden Entscheidungszwang; die hetzende Angebotswelt ist ihnen schon immer voraus und auf den Fersen und fordert in ihrer Beschleunigungsdynamik rasch Antwort und Auswahl, um Versäumnisse – die beim reichlich vorgehaltenen Chancen- und Konsum-Angebot unvermeidlich sind – zu vermeiden. "Carpe diem": "Nütze den Tag", heißt das Motto, denn im nächsten Moment könnte sich das große Leben ereignen und deswegen ist dieser Moment nahezu eschatologisch, entscheidungshaft

---

[11] Vgl. U. Beck; E. Beck-Gernsheim (Hrsg.): Riskante Freiheiten. Individualisierung in modernen Gesellschaften. Frankfurt/M. 1994; U. Beck: Die „Warum-nicht-Gesellschaft", in: *Die Zeit* 48 (25.11.1999), S. 13f.; ders.: Vom Verschwinden der Solidarität, in: W. Dettling (Hrsg.): Perspektiven für Deutschland. München 1994, S. 29-31; F. Schaefer: Die junge Generation: Zukunft der Berliner Republik, in: E. Dettling (Hrsg.): „Deutschland ruckt!" Die junge Republik zwischen Brüssel, Berlin und Budapest. Frankfurt/M. 2000, S. 179.
[12] R. Sennett: Der flexible Mensch. Die Kultur des neuen Kapitalismus. Berlin 1998; ders.: Verfall und Ende des öffentlichen Lebens. Die Tyrannei der Intimität. Frankfurt/M. 1886 (Fischer Wissenschaft Bd. 7353); hierzu Th. Brüsemeister: Das überflüssige Selbst – Zur Dequalifizierung des Charakters im neuen Kapitalismus, in: U. Schiemanck; U. Volkmann (Hrsg.): Soziologische Gegenwartsdiagnosen I, a.a.O., S. 307-322.
[13] Z. Bauman: Über den postmodernen Gebrauch der Sexualität, in: G. Schmidt; B. Strauß (Hrsg.): Sexualität und Spätmoderne. Stuttgart 1998, S. 17-35; Th. Kron: Die Unordnung aushalten – Zygmunt Baumans Plädoyer für eine postmoderne Moral, in: U. Schiemanck; U. Volkmann (Hrsg.): Soziologische Gegenwartsdiagnosen I, a.a.O., S. 215-226; C. Helfferich: Jugend, Körper und Geschlecht. Die Suche nach sexueller Identität. Opladen 1994.

aufgeladen. Die Möglichkeit – und nicht auch die Erinnerung an die Wirklichkeit – beherrscht die Jugendlichen. Also versuchen die Jugendlichen ihrerseits die Möglichkeiten zu beherrschen und in einem endlosen Erlebnishunger ihrem "Ich", dessen Bedürfnisse 'endlich' gestillt werden sollen, hinterherzueilen. Diese "Ich-Jagd" kann jedoch nur scheitern, weil wir uns nur immer als 'Mich', aber nie als 'Ich' ansichtig werden können. Die Möglichkeit ist, wie Peter Gross analysiert, „dem modernsten, letzten Menschen liebste Wirklichkeit"; und insofern „das *Mich* seine soziale Existenz, seine Bindungen zunehmend auflöst, *will* das *Ich* stärker als je, will verzweifelt sich selbst, Individuum, *idem* sein. *Unio mystica mit sich selbst!* Das, was früher Utopie hieß, heißt nun *Intopie*, Identität des von sich getrennten Menschen mit sich selbst: *Individuum* [...]. Wunderbare, unermeßliche Schätze muß es in den Tiefen des Menschen geben!"[14]

1.3 Soziale Sicherung löst Wohlstandssteigerung ab

Ineins mit der gezeigten Fokussierung auf den Einzelnen und der Mediatisierung unseres Lebens und Zusammenlebens war schon länger das Ende der Wohlfahrtsgesellschaft abzusehen. Der Zukunftsforscher H.W. Opaschowski sieht eine Wende von der Steigerung des Wohlstandes hin zu Feldern sozialen Wohlbefindens, von der Friedenssicherung zur Arbeitsplatz-, Einkommens- und Rentensicherung, vom Schutz der Umwelt hin zur Kriminalitätsbekämpfung – also eine deutliche Verschiebung der Problemfelder auf den Einzelnen, gleichzeitig bedingt durch die immer stärkere Verselbstständigung, Professionalisierung und Globalisierung von Wirtschaft, Politik, Verkehr usw. als sogen. "objektivierter" Größen. Dieser "Wertewandel" bedeutet für Jugendliche einen wachsenden Druck auf dem Arbeitsmarkt, in der Arbeitswelt und auf dem Ausbildungssektor; immer weniger qualifizierte Arbeitende müssen immer mehr leisten. Auch das Urlaubsverhalten wird sich noch stärker verändern und ausfächern auf der Palette vom Erholungsurlaub (Relaxen) bis zum Risikourlaub, wobei letzterer eben in Form eines Kicks in der Erlebnisgesellschaft gesucht wird und demgegenüber z.B. aktiver Sport außer in individualisierten Formen wie Jogging oder Bodybuilding in Fitness-Centern und Krafträumen immer mehr verschwindet. Überhaupt nehmen die Bindungen an Organisationen wie Vereine, Ge-

---

[14] P. Gross: Ich-Jagd, a.a.O., S. 21; vgl. ders.: Das Individuum als letzter Gott, in: Weltwoche Nr. 12 vom 25. März 1999 (Forum); H. Abels: Sich dem „Mehrgott" verweigern – zu Peter Gross' „Multioptionsgesellschaft", in: U. Schimank; U. Volkmann (Hrsg.): Soziologische Gegenwartsdiagnosen I. Eine Bestandsaufnahme. Opladen 2000, S. 91-107; A. Pongs (Hrsg.): In welcher Gesellschaft leben wir eigentlich? Gesellschaftskonzepte im Vergleich. Band 1. München 1999, S. 107ff. zu P. Gross.

werkschaften, Parteien, Kirchen immer mehr ab, was umgekehrt Wünsche nach Halt, Sicherheit, Orientierung hervorruft und eine weitere Aufwertung des Freundeskreises und der Familie mit sich bringt.[15]

1.4 Der Not der Orientierung begegnet die Tugend eines Werte-Cocktails

Bleibt der Ruf nach Orientierung – seitens der Erwachsenen vor allem – so laut, weil er auf die Verführbarkeit der Jugendlichen zum Guten setzt, damit aber in Wirklichkeit wieder und immer noch eine eindeutige Wirklichkeit suggerieren möchte und davon ausgeht, dass Verführbarkeit und Steuerbarkeit des Handels überhaupt möglich sind, was die meisten Jugendlichen aber gerade ablehnen? Orientierung kann, so die Shell-Studie "Jugend 2000", nicht einfach vorgegeben werden, denn die Jugendlichen wählen bewußt in der „Gesellschaft der Zwischentöne."[16] Das heißt: Orientierung kann nur im Horizont der persönlichen Entscheidung der Jugendlichen geschehen. Diese Entscheidungen werden z.T. als religiös aufgeladene Erfahrungen erlebt[17] und synkretistisch nach dem "Und"- und nicht mehr nach dem "Entweder-oder"-Verfahren gefällt, wobei diese Entscheidungen sowohl in integrativem als auch abgrenzendem Interesse geschehen.[18] Die Jugendlichen haben es nicht leicht. Und Werte werden mitten im Wertewandel und angeblichen Werteverfall genügend angeboten einschließlich trainierbarer Spiritualität, aus dem Inneren abrufbarer Orientierung, mit Reisen ins Innere nach Fahrplan usw. Die Perspektive hat sich auf die Akzeptanz durch die Jugendlichen verschoben, die in ihrem Spagat von Selbstentscheidungszwang und Überangebot nicht mehr automatisch Tradiertes übernehmen wollen. „Wenn Autoritäten schwinden und biographisch auf vieles kein Verlass mehr ist, wird man sich zunehmend in Reaktion auf die aktuellen Gegebenheiten hin orientieren, situationsgemäß und reagibel den eigenen Wertecocktail zusammenbasteln, ebenso wie man sich in Eigenregie seine Biographie zusammenbastelt. Konkret ereignisbezogene Entscheidungen werden prinzipiengeleitete ersetzen – nicht immer,

---

[15] H. W. Opaschowski: Deutschland 2010. Wie wir morgen arbeiten und leben – Voraussagen der Wissenschaft zur Zukunft unserer Gesellschaft. Hamburg 2001, S. 61ff.

[16] Deutsche Shell (Hrsg.): Jugend 2000. 13. Shell Jugendstudie. Band 1. Opladen 2000, S. 15 bzw. S. 93ff.

[17] U. Beck; E. Beck-Gernsheim: Das ganz normale Chaos der Liebe. Frankfurt/M. 1990, S. 222ff.: Die irdische Religion der Liebe.

[18] Als Problemskizze bei K. Füssel; D. Sölle; F. Steffensky: Die Sowohl-als-auch-Falle. Eine theologische Kritik des Postmodernismus. Luzern 1993; P. Wichens: Bataille zur Einführung. Hamburg 1995, S. 97ff.; P. Engelmann (Hrsg.): Postmoderne und Dekonstruktion. Texte französischer Philosophen der Gegenwart. Mit einer Einführung von P. Engelmann. Stuttgart 1997 (Universal-Bibliothek Nr. 8668).

aber immer öfter. [...] Doch mit diesem möglichen Verlust ist ein Gewinn an Vielfalt und biographisch bedarfsgerechten Setzungen verbunden."[19]

1.5 Die Generation @ als Lebens-Stil

Da der oben erwähnte Selbst-Schatzgräber sich immer nur verfehlen kann, sich selbst gegenüber immer schon verspätet ist, fragt es sich, welche Konstruktion ihm angesichts des Entscheidungsdrucks noch Schutz bieten kann. Wir sind gerade Zeugen des Versuchs, dass der wärmende Schutzmantel in der Form eines allumfassend ubiquitären Informationsnetzes gesucht wird. Damit scheint der nicht auflösbare Hiatus von Individualisierung und Fokussierung auf den Einzelnen mit der Ambivalenz von Selbstinszenierungschancen und Verunsicherungs- und Vereinsamungserfahrungen einerseits und von Pluralisierung mit der Ambivalenz von Multioptions-Verwirklichung und Überforderung andererseits aufzubrechen und zu verschwinden. Wir sind wahrscheinlich auf der Schwelle, wo diese anstrengenden und zugleich beglückenden Anspannungen des Lebens und Zusammenlebens sich in einer Weise steigern, dass sie umzukippen drohen und sich in die mediale Reproduktion als Lebensstil ohne Ambivalenzen auflösen werden. Das ganze Leben wird sozusagen hineingesogen in das mediale Netz und erscheint gereinigt von Ambivalenzen und Kontingenzen auf dem virtuellen Bildschirm wieder.

Der Begriff der Generation @ zeigt weniger eine spezifische Jugendphase an als vielmehr ein verändertes Lebenskonzept mit anderen Lebenszielen, Lebensstilen und Wertvorstellungen als bislang. Er nennt als wichtige Merkmale die Unabhängigkeit der Jugendlichen (kreative Autonomie des Computer-Verwenders), Offenheit: „Wer online geht, exponiert sich", dann Toleranz: „Die globale Kommunikation ist vorurteilsfrei", Meinungsfreiheit (unzensierter Zugang zum Internetgebrauch usw.) und schließlich Unmittelbarkeit: Alles wird sofort erledigt. Allerdings verwischt die Grenze zwischen Dingen und Menschen immer mehr, so dass sich der Einzelne im On-line-Spiel als ein anderer geben und darstellen kann, als er oder sie es im wirklichen Leben ist. Entsprechend werden, wenn auch selten, Einschränkungen, Gefahren, Verluste von den Jugendlichen angesprochen: Verlust an Freiheit, Verlust an Körperlichkeit, an direkter Begegnung, die nicht abgeschaltet werden kann, eine selbstverständliche Einpassung in die Computerkultur, viel Wissen und wenig Chancen zur Verarbeitung von Informationen, Verunsicherung bis hin zur Orientierungslo-

---

[19] Deutsche Shell (Hrsg.): Jugend 2000. Band 1, a.a.O., S. 155; vgl. H. Hobelsberger: Wertorientierung und

26

sigkeit. Getrieben von der Angst, etwas zu versäumen, ist der @-Jugendliche auf der Suche nach Halt, Sinn, Orientierung, zumal dem „Ich-Jäger als dem Ich-Gejagten" die verinnerlichte Moral immer mehr abhanden kommt. So übernehmen Markt – bis zum Crash – und Medien – bis zur Langeweile ob des Ewig-Gleichen – die Moral- und Werteproduktion, „während der Nomade sich durch die bereitgestellten Informations- und Unterhaltungswelten zappt". Das selbe gilt auch für die Erziehung, für die christlich-kirchlichen Angebote religiöser Sozialisation. Markt und Medien bestimmen zunehmend den Werte-Cocktail und die Patchwork-Religiosität der Jugendlichen, was umgekehrt von den Jugendlichen eine Subjekt-Leistung in Form permanenter Entscheidungen verlangt. Aber es ist nur ein Teil der Jugendlichen, nämlich ausschließlich diejenigen, die eine Chance zur „Selbstreproduktion" in unserer Gesellschaft erhalten haben. Und damit fällt der Jugend-Traum in sich zusammen: „Die I- kone der Jugend, die einmal eine Gabe war, ist das Sigel des Erfolges geworden. Im Verhältnis dazu ist jeder, der noch immer in den Adoleszenzkrisen von gestern dümpelt, hoffnungslos veraltet. Er lebt in der Geschichte seines Werdens statt in der prolongierten Gegenwart seiner Fitness. Die Jugend ist, indem sie universalisiert wurde, gnadenlos enteignet worden. Ihre Verewigung als Bild fällt mit ihrem Veralten als Lebenszeit zusammen."[20]

1.6 Das Infotainment soll es richten

Die Medien-Gesellschaft ist im Umbau: Formen der Information werden mit solchen der Unterhaltung und der Kommunikation immer stärker zusammenwachsen: "Die Zukunft gehört eher einer Infotainment-Gesellschaft, die für die Verarbeitung von Information und Erfahrung kaum noch Zeit hat. Die Eventkultur (sc. der Fun-Gesellschaft) verdrängt zunehmend die Wissenskultur" (H.W. Opaschowski). Wissen wird rezipiert unter dem Aspekt der Selbstinszenierung; die prophezeite Informations- als Wissensgesellschaft hat sich sozusagen schon selbst überholt; stattdessen wird es eher eine mit pragmatisiertem Ad-hoc-Wissen angereicherte unterhaltungsbedürftige Monaden- und Nomaden-Gesellschaft geben. Das Ziel der im Gang befindlichen

ethische Handlungsbereitschaft bei Jugendlichen, in: KatBl 126 (2001) S. 241-248.
[20] H. Böhme: Soviel Jugend war nie. Doch dabei sieht sie ganz schön alt aus, besonders in Deutschland: Vom Verewigen und Veralten einer sozialen Gruppe, in: Frankfurter Allgemeine Zeitung vom 22. September 2001, S. II; vgl. R. Gronemeyer: Alle Menschen bleiben Kinder. Düsseldorf/München 1996; J. Goebel; Chr. Clermont: Die Tugend der Orientierungslosigkeit. 3. Aufl. Berlin 1998; W. Helsper: Das „Postmoderne Selbst" – ein neuer Subjekt- und Jugend-Mythos? Reflexionen anhand religiöser jugendlicher Orientierungen, in: H. Keupp; R. Höfer (Hrsg.): Identitätsarbeit heute. Klassische und aktuelle Perspektiven der Identitätsforschung. Frankfurt/M. 1997, S. 174-206.

Mediatisierung unserer Gesellschaft ist noch offen: Wir könnten in einer Art neometaphysischer Zwei-Ebenen-Medien-Kultur landen, indem z.B. Lara Croft vormacht, wie ein gutes Leben möglich ist, und die "Imitatoren" dies dann nachmachen müssen, um zur Gesellschaft zu gehören und in ihr zu bleiben. Oder wir begegnen wie im Film "Matrix" simulativ das Diesseits aufhebenden messianischen und teuflischen Figuren, die uns in eine Erlösungs-Dramaturgie hineinnehmen, die einen Glauben an Heils-Simulationen miteinschließt (und wie im römisch-katholischen Erlösungschristentum eine freilich sinnentleerte, lediglich zeichenrepräsentative „analogia entis"= Seinsanalogie von „oben" und „unten" vollzieht und Imitat und Imitator im Medium der Imitation umschließt). Wir hätten einen Entmündigungsprozeß vor uns, der die meisten zu Imitations-Doubles eines Medien-Originals macht. Oder das Informationsnetz wird konsequent selbstreferentiell und macht den Menschen dadurch überflüssig bzw. macht uns Menschen selbst zu Informationszeichen, die keinen Sinn mehr "an sich" haben, sondern funktionierende Simulatoren sind.

1.7   Die Ein- bzw. Zwei-Drittel-Gesellschaft

Die Erfahrungen einer durchgreifenden Mediatisierung sollen im nächsten Abschnitt weiter ausgeführt werden. Hier interessiert noch die Beobachtung, dass die werdende Informationsgesellschaft sich selbst in die neuen Klassen der User als einem Drittel unserer Gesellschaft und der Non-User als zwei Dritteln unserer Gesellschaft – Umberto Eco spricht vom "virtuellen Proletariat" – aufteilt. Erhöht solche Inthronisierung einer Minderheit und gleichzeitige Entmündigung der Mehrheit (besonders auch der Jugendlichen an berufsbildenden Schulen) die Flucht der letzteren in Ohnmachts- und Gewalthaltungen, in Interesselosigkeit und Destruktion? Die Medienlandschaft wird es als ihre vornehmliche Aufgabe ansehen, vertreten durch die Ein-Drittel-Mehrheit, die sich die Informationstechnologien professionell angeeignet hat, "panem et circenses" anzubieten. (Im Sektor Politik wird die Mediatisierung sichtbar an der erforderlichen Telegenität je Amt und Posten und an der gleichzeitigen inhaltlichen Entleerung von Politik zu telegenen Sprach- und Symbolhandlungen mit Fun-Effekten. Ob das „virtuelle Klassenzimmer" eher einem solchen Trend als einer Bildungsfossierung folgen wird?)

Dieselbe Spaltung wird sich auf dem Ausbildungs- und Arbeitsmarkt durchsetzen, wenn ein Drittel Zugang zur "simulativen" Ausbildung hat und die Zwei-Drittel an Ausgeschlossenen "freigesetzt" werden. Ausbildung bedeutet dann Informiert-

Werden per Medien. Auch bei der Arbeit ist es immer weniger entscheidend, dass sie von einem bestimmten, an dieser Position unaustauschbaren Menschen verrichtet wird, sondern sie wird fortschreitend anonymisiert und geht im sich selbst regulierenden Informationssystem auf.[21] Berufsausbildungs- und Studiengänge lösen sich in virtuelles Einspielen von Kindesbeinen an (als Programm der immer mehr geforderten Früherziehung) und in den Prozeß des „lebenslangen Lernens" (als Programm permanenter Weiterbildung) auf. Dies beunruhigt und verunsichert die Jugendlichen, die ihrerseits mit dem Wettlauf auf gute Ausbildung für einen einträglichen Arbeitsplatz antworten, ohne sich aber darüber "ideologisch" zu definieren. Zudem wird es zusehends schwieriger, die Fülle der Informationen nach qualitativ sinnvollen, sachgemäßen und ausbildungsbezogenen Kriterien auswählen und bewältigen zu können, so daß der Ruf nach entsprechenden Auswahl- und Verwertungshandreichungen laut wird. Auch das Drittel auf der Sonnenseite bekommt zusehends seine Mühe und Not.

2. Um welche Religion geht es? Auf dem Weg in die Erleichterungs-Religion(en) der Informationsgesellschaft

2.1 Imitation – Produktion – Simulation: Was verschafft uns Heil?
Gegenwärtige und zukünftige "Mediengenerationen"[22] werden in der fortschreitenden Mediatisierung unserer Gesellschaft und des Erdballs groß und zugleich möchten sie besonders, einzigartig, jeder sich selbst sein und (re)präsentieren.[23] Auch hier befinden sich die Jugendlichen auf einer (im letzten Abschnitt angezeigten) Schwelle, nämlich von der verbindend-verbindlichen Produktionsgesellschaft in die offenere, Wirklichkeit durch Simulation ersetzende Informationsgesellschaft. Einige historische Hinweise können diese Beobachtung erläutern.

---

[21] Vgl. J. Baudrillard: Die Illusion und die Virtualität. Bern 1994. So hat U. Beck im Gespräch mit Johannes Willms neuerdings formuliert: „Freiheit oder Kapitalismus" (Frankfurt/M. 2001), so dass analog dazu formuliert werden könnte: Freiheit oder (statt) Information; kritisch bei B. Meifort: Lebenslanges Lernen, von der Wiege bis zur Bahre, in: B. Abesser; U. Kawalle; F. Stöcker (Hrsg.): Vorbereitung auf das Leben. Dokumentation eines Symposiums zum zukünftigen Auftrag der Beruflichen Bildung am 1. März 2001 in Hannover. Rehburg-Loccum 2001, S. 18-28.
[22] N. Bolz: Die Sinngesellschaft, a.a.O., S. 25, mit Verweisen auf die Bewegungsgesellschaft (F. Neidhardt) und die „Mediengenerationen" (Frankfurt/M. 1997) von Jochen Hörisch; vgl. N. Stehr: Moderne Wissensgesellschaften, in: Aus Politik und Zeitgeschichte B 36/2001, S. 7-14; U.H. Bittlingmayer: „Spätkapitalismus" oder „Wissensgesellschaft"?, in: a.a.O., S. 15-23.
[23] Deutsche Shell (Hrsg.): Jugend 2000. Band 1, a.a.O., S. 181ff.

Bis zum ausgehenden Mittelalter herrschte die christliche Erlösungsreligion mit ihrer *Imitations-Kultur* (die z.B. im römischen Katholizismus bis heute präsent ist). Dann folgte mit dem Umbruch von Renaissance, Humanismus und Reformation die Epoche der Versöhnungsreligion mit ihrer rasch expandierenden *Produktions-Kultur* als Aufspaltung des neuzeitlichen Menschen in einen christlichen oder sonstwie religiösen Heils-Empfänger und einen säkularen Wohl-Produzenten (im Gefolge besonders von Luthers Arbeitsethos und puritanischer Asketik). Heute verschreiben sich Jugendliche zusehends einer *Simulations-Kultur*, in welcher der Religion die Heils-Funktion der Erleichterung zufällt (P. Sloterdijk)[24]; und sie lassen sich im selbstreferentiellen Informationsnetz durch Einklinken zur "Net-Sistenz", zu einem zeitlos-ubiquitären Zeichen machen, in welchem sich Realität simulativ wiederholt.[25] In diesem Erfahrungshorizont muß auch Religion in der Fun-Gesellschaft Spaß machen und zur Erleichterung des permanenten Entscheidungsdruckes angesichts der sich ständig ausweitenden Angebotspalette beitragen, sonst wird sie als bedrückender Ballast abgeworfen. Religion: ein das Leben erleichternder Baustein im Netz-Werk der Informationsgesellschaft.

2.2 Wird der Einzelne zum religiösen Selbsterzeuger?

Religion findet, nachdem ihre christliche Erlösungsfunktion für den Weg in den Himmel der Erlösten und ihre Konzentration auf die Rechtfertigung des Menschen allein durch Gott als gleichzeitiger Freigabe des Weltlichen an den Menschen abgelöst wurden, gegenwärtig ihre radikale Anwendung auf das Leben des Einzelnen – und sei es durch spirituelle Übungen, okkulte Praktiken, Sich-Verlassen auf Horoskop

---

[24] Dass mit der aufkommenden Erleichterungs-Kultur umgekehrt die Schuld- und Scham-Kultur abnimmt, kann hier nur vermerkt werden; vgl. F.W. Schmidt: Erinnerungen an die Schuldkultur, in: N. Bolz; W. van Reijen (Hrsg.): Heilsversprechen. München 1998, S. 35-56. Dass Religion entsprechend immer mehr zur Ware wird, hat W. Grasskamp gezeigt: Konsumglück – die Ware Erlösung. München 2001. Zugleich finden sich Momente einer Verschleierung der Härten unserer Gesellschaft, einer Infantilisierung und sogar eines gewissen Autismus, vgl. J. Wertheimer; P. V. Zima (Hrsg.): Strategien der Verdummung. Infantilisierung in der Fun-Gesellschaft. München 2001; R. Lempp: Die autistische Gesellschaft: Geht die Verantwortung für andere verloren? München 1996.
[25] Vgl. J. Baudrillard: Der symbolische Tausch und der Tod. München 1991; ders.: Das perfekte Verbrechen. München 1996; und hierzu die Diskussion bei Th. Jung: Jenseits der Geschichte – Jenseits des Humanen? Zur Kennzeichnung der Gegenwartsmoderne durch J. Baudrillard, in: S. Müller-Doohm (Hrsg.): Jenseits der Utopie. Theoriekritik der Gegenwart. Frankfurt/M. 1991, S. 364-395; J. Hörisch: Brot und Wein. Die Poesie des Abendmahls. Frankfurt/M. 1992; ders.: Kopf oder Zahl. Die Poesie des Geldes. Frankfurt/M. 1996; U. Gerber: Theologie und Ethik – am Beispiel Beruf, in: Chr. Hauskeller, W. Liebert, H. Ludwig (Hrsg.): Wissenschaft verantworten. Soziale und ethische Orientierung in der technischen Zivilisation. Wolfgang Bender zum 70. Geburtstag. Münster 2001, S. 69-76. Die Plakat-Affaire der CDU im Januar 2001 über den Bundeskanzler-Konterfei im Stile eines Verbrecheralbums und Fahndungsfotos zeigte exemplarisch, wie man medial einen Menschen zum puren Zeichen mit negativen Konnotationen macht und die schöpferische Differenz von (simulativem) Zeichen und Person aufhebt. Es geht nicht mehr um Sach-Diskussionen, sondern um eine Art Erleichterungsspontaneität

und Pendel, durch Musik oder pseudoreligiöse Gewalt-Rituale.[26] Religion kann und soll helfen, die "Ichform" zu finden durch persönliche Identifikation und durch Abgrenzung, wobei synkretistisch verfahren wird nach Gesichtspunkten individueller Selbst-inszenierung. Der Glaube an die religiöse Erlösung durch Gott schwindet ebenso wie der Glaube an die politische Selbsterlösung durch eine Art Revolution[27], so dass Formen persönlicher ästhetischer Selbsterlösung, etwa durch Musik, Disco, Mode, Autofahren, in den Vordergrund treten. Bastelbiographie und Collage-Religiosität bedingen sich wechselseitig[28]; Selbstfindung, die sich von den Traditionen losgelöst hat, und Religiosität, die auf Kirchlichkeit verzichtet, sind verwandte Bewegungen.

Entsprechend lautet das Fazit der 13. Shell Jugendstudie: „Die Kirchlichkeit ist zurückgegangen, die religiöse Grundhaltung im Leben hat bei den deutschen Jugendlichen stark an Boden verloren. Zugleich aber haben die Zugehörigkeit zu einer Religionsgemeinschaft und eine religiös bestimmte Lebensführung in der Folge des Ansässigwerdens von muslimischen Arbeitsmigranten eine Bedeutungsaufladung erfahren. Muslim zu sein, das bedeutet etwas über den religiösen Bereich hinaus für die Lebensführung und die Zukunftsorientierung. Durch die Anwesenheit muslimischer Jugendlicher ist im jugendlichen Alltag gerade in dem Moment eine neue 'Konfessionsgrenze' wirksam geworden, als die alten konfessionellen Konturen weithin abgeschliffen waren. Allerdings spricht nichts dafür, dass sich dadurch die Konturen der 'alten' Konfessionen wieder klarer abzeichnen. Die evangelischen und katholischen Jugendlichen wenden sich nicht, etwa herausgefordert durch das islamische Milieu, eigenen Traditionen religiös bestimmter Lebensführung zu; diejenigen ohne Religionszugehörigkeit betonen nicht offensiv eine weltlich orientierte Lebensführung. Alle drei Gruppen setzen sich nicht interessiert mit der neuen Religionsgemeinschaft

---

auf Kosten anderer (vgl. H. E. Richter: Der Gotteskomplex. Die Geburt und die Krise des Glaubens an die Allmacht des Menschen. Reinbek 1979, S. 19f., 191ff.).
[26] Auf diese oft übersehenen Zusammenhänge hat Georges Bataille aufmerksam gemacht: Theorie der Religion. Hrsg. und mit einem Nachwort versehen von G. Bergfleth. München 1997; ansonsten vgl. Achtung Seelenfänger! Sekten, Gurus, Psycho-Freaks. ZEIT-Punkte Nr. 4/1997; Woran die Deutschen glauben, in: Fokus Nr. 14 vom 3. April 1999, S. 118f., z.B. S. 119: Die Deutschen glauben zwar zu 65% an Gott, aber nur noch 12% meinen ausdrücklich den christlichen Gott. Die Fokus-Umfrage entdeckt einen fast unübersichtlichen Pluralismus. Glaube ohne Kirche, in: Fokus Nr. 15 vom 6. April 1996, S. 52ff., z.B. S. 52: „Viele Deutsche schustern sich ihr Bild von Gott selbst zusammen – ohne Papst und Pastor. Den Kirchen stehen radikale Reformen bevor"; vgl. K.-P. Jörns: Die neuen Gesichter Gottes. Was die Menschen heute wirklich glauben. München 1997.
[27] N. Bolz; D. Bosshart: Kult-Marketing. Die neuen Götter des Marktes. Düsseldorf 1995, S. 360; vgl. Sinnvoll leben: Geht das ohne Gott? Das Comeback der Religion, in: Psychologie heute 28(2001), Heft 6/Juni 2001. Einen an der „Dialektik der Aufklärung" der Kritischen Theorie orientierten Begriff von Alltagsreligion hat D. Claussen herausgearbeitet: Aspekte der Alltagsreligion. Hannoversche Schriften 3. Frankfurt/M. 2000.

und der durch sie geprägten alltäglichen Lebensführung auseinander; nichts spricht dafür, dass sie religiöse Lernprozesse – in welcher Richtung auch immer – machen."[29]

2.3 Um welche Erleichterungs-Religiosität(en) der Jugendlichen geht es?

Es ist davon auszugehen, dass an der "traditionellen Religion" (des Christentums) – besonders im Blick auf ostdeutsche Jugendliche[30] und unter Absehung von den muslimischen Jugendlichen – bestenfalls noch ein Viertel bis zu einem Zehntel festhalten bzw. mit ihr überhaupt vertraut sind. Dabei wird man einen gleitenden Übergang der christlich-kirchlichen Religiosität in eine Pro-forma-Religion annehmen müssen.[31] Diese Religions-Form liegt vor, wenn Glaubenssätze beibehalten werden, z.B. ein Leben nach dem Tod und die Auferweckung Jesu, dabei aber persönlich z.B. eine Wiedergeburt angenommen wird, und traditionell-religiöse Praktiken wie Gottesdienstbesuch, Beten oder Beichte vollzogen werden, ohne dass dies noch Bedeutung für die persönliche Lebensführung hat. Beispiele sogen. Neuer Religion(en) sind Lehren und Praktiken aus der New-Age-Bewegung, also auch Praktiken wie Pen-

[28] U. Gerber: Religiosität in der Erlebnisgesellschaft, in: B. Beuscher; H. Schroeter; R. Sistermann (Hrsg.): Prozesse postmoderner Wahrnehmung. Kunst – Religion – Pädagogik. Wien 1989, S. 203-211.

[29] Deutsche Shell (Hrsg.): Jugend 2000. Band 1, a.a.O., S. 180; vgl. J. Matthes (Hrsg.): Fremde Heimat. Kirche – Erkundungsgänge. Beiträge und Kommentare zur dritten EKD-Untersuchung über Kirchenmitgliedschaft. Gütersloh 2000, auch „aus katholischer Sicht" (S. 60ff.); C. Wippermann: Religiöse Weltanschauungen – zwischen individuellem Design und traditionellem Schema, in: R. Silbereisen u.a. (Hrsg.): Jung sein in Deutschland. Opladen 1996, S. 113-126; vgl. G. Minois: Geschichte des Atheismus. Von den Anfängen bis zur Gegenwart. Weimar 2000, S. 641-658, zit. S. 658: „Seit Durkheim hat die Menschheit in Form von Ideologien neue Götter erfunden, die ihr im 20. Jh. als Führer dienten. Das Ergebnis ist bekannt. Diese neuen Götter sind ihrerseits gestorben. Die moderne Menschheit ist eine große Konsumentin von Gottheiten. Im Bewußtsein dieser Erfahrung sind wir heute ernüchtert, mißtrauisch, argwöhnisch. Der Mensch hat die Götter vermehrt, und die Götter sind daran gestorben. Jetzt vermehrt sich der Mensch, und je stärker er sich vermehrt, desto weniger Wert hat er. Er ist so gewöhnlich geworden, daß das einzelne Exemplar nicht mehr viel gilt. Und die Frage lautet nicht, ob das 21. Jh. gläubig oder atheistisch, religiös oder ungläubig sein wird, sondern ob der Ameisenhaufen noch den Willen und die Mittel haben wird, sich eine Zukunft zu erfinden". Im Blick auf politische Dimensionierungen bei R. Münch: Globale Dynamik, lokale Lebenswelten. Der schwierige Weg in die Weltgesellschaft. Frankfurt/M. 1998, S. 244-263: Zwischen Dienstleistung, Psychokult und Fundamentalismus: Kirche im öffentlichen Dialog; G. Stauth: Religiöser Fundamentalismus zwischen Orient und Okzident: Religiöse Identitätspolitik und ihr Verhältnis zur Demokratie, in: D. Loch; W. Heitmeyer (Hrsg.): Schattenseiten der Globalisierung. Frankfurt/M. 2001, S. 140-164. – Ein anderes Problem stellt die Debatte um eine pluralistische Religions-Theorie dar (T. F. Knitter, J. Hick, P. Schmidt-Leukel u.a.m.), in der es m.E. letztlich doch noch (und wieder) um einen letzten Fixpunkt geht, so daß die Gegenrede plausibel wird: mit den Differenzen umgehen lernen (vgl. N. Kermani: Ein Riss durch die Zuckerwatte des New Age, in: Frankfurter Rundschau vom 19. Juni 2001, S. 17).

[30] Vgl. R. Biewald: Interessiert – aber distanziert. Jugendliche an berufsbildenden Schulen in Sachsen äußern sich zu Religion und Kirche, in: rabs 29(1997) S. 99-101.

[31] Die folgende Klassifizierung übernehme ich von Adrian Portmann: Kochen und Essen als Vollzugsformen impliziter Religion. Dissertation Basel 2001 (wird 2002 erscheinen); vgl. Th. Luckmann: Die unsichtbare Religion. Frankfurt/M. 1991, S. 132f., 145-150; H. Knoblauch: Transzendenzerfahrung und symbolische Kommunikation. Die phänomenologisch orientierte Soziologie und die kommunikative Konstruktion der Religion, in: S. Tyrell u.a. (Hrsg.): Religion als Kommunikation. Würzburg 1998, S. 147-186; ders.: Religionssoziologie. Berlin/New York 1999.

deln, Kartenlegen, Formen von Okkultismus und Schwarzen Messen – Erfahrungen, die in unserer Untersuchung abgefragt wurden und erkennen lassen, dass etwa 10-20% der Jugendlichen daran interessiert sind (und dies also eher ein Problem der Religionslehrer und Religionslehrerinnen als der Jugendlichen darstellt).

Eine weitere Form von Religiosität stellen die Säkularen Religionen dar, z.B. politische Religionen ohne Bezugnahme auf Außerweltlich-Transzendentes, aber mit Anspruch auf Sinngebung. Diese Art von Religiosität findet sich bei Jugendlichen nur dann, wenn sie explizit politisch orientiert sind. Es handelt sich um eine Minderheit der ansonsten eher "apolitisch", stärker individuell-pragmatisch eingestellten Jugendlichen.

Profane Rituale und Phänomene wie etwa Kochen, Essen, Pilgerfahrten zu Gourmettempeln oder McDonalds, Diät als Bußübung, lassen sich als Quasi-Religion oder religiöse Fragmente bezeichnen, wenn dies von den Beteiligten explizit als Religiosität behauptet wird, ohne dass diese Fragmente als eine geschlossene Religionsform traditioneller Art aufgefaßt werden; und sie lassen sich als unsichtbare, implizite Religion charakterisieren, wenn dieselben Praktiken und Sinndeutungen vollzogen werden, ohne dass dies explizit als Religiosität bezeichnet wird. Solche Handlungen und Sinndeutungen erfüllen die grundlegenden Funktionen von (herkömmlicher) Religion. Ein Beispiel: Kochen und Essen als alimentäre Handlungen und die damit verbundenen Deutungsmuster mag es früher schon in derselben Form und mit denselben Inhalten gegeben haben – „jetzt werden sie aber für die grundlegende Deutung von Leben und Welt und damit für die Sinnstiftung beigezogen und erhalten dadurch einen religiösen Charakter." Mag dieses Beispiel für das gut situierte Selbstverwirklichungsmilieu von 20 – 40-Jährigen mit guter Bildung und höherem Einkommen gelten, so läßt sich diese Frage nach religiösen Fragmenten, nach impliziter Religion bei Jugendlichen in berufsbildenden Schulen vermutlich an Autofahren, Disco-Besuch, spezieller Musik, Partnerschaftsverhalten, Fernseh- und Handy-Gebrauchsgewohnheiten, Sport u.a. stellen.[32] Es geht um religiöse Profanität und profane Religiosität, die teilweise gar nicht mehr als religiös verstanden wird. Damit stellt sich umgekehrt die Rückfrage an die christliche Religion: "Kann die Verabschiedung des

---

[32] Vgl. K.-F. Daiber: Die Rituale der Sportspiele – Religiöse Äquivalente, in: ders.: Religion in Kirche und Gesellschaft. Stuttgart/Berlin/Köln 1997, S. 189-201; W. Kabus (Hrsg.): Popularmusik, Jugendkultur und Kirche. Aufsätze zu einer interdisziplinären Debatte. Frankfurt/M. 2000; V. Drehsen: Alles andere als Null Bock auf Religion. Religiöse Einstellungen Jugendlicher zwischen Wahlzwang und Fundamentalisierung, in: Jahrbuch für Religionspädagogik Bd. 10. Neukirchen 1993, S. 47-69; U. Nembach (Hrsg.): Jugend – 2000 Jahre nach Jesus.

Einen, kann der Übergang zu radikaler Vielheit, in der das Eine nur Eines neben Anderen ist, theologisch fruchtbar gemacht, ja überhaupt mitgemacht werden? Und sind alle Religionen gleichermaßen dazu in der Lage? Oder wäre gerade hierzu eine bestimmte Religion – etwa die christliche – in besonderer Weise befähigt? [...] Es gilt künftig Phänomene religiöser Profanität ins Auge zu fassen."[33]

2.4 Die Erleichterungsreligion der "Nachreligion der Liebe"

Der Soziologe Ulrich Beck hat als Beispiel für solche Religionsfragmente die irdische Nach-Religion der Liebe vorgestellt.[34] Liebe sei, so die These von U. Beck, das Sinnmuster für individualisierte Lebenswelten, die die Architektur ihres Lebens selbst finden und selbst erfinden müssen. *"Enttraditionalisierte Liebe ist alles in Ich-Form: Wahrheit, Recht, Moral, Erlösung, Jenseits, Authentizität"*. Indem diese moderne Liebe ihren Grund in sich selbst hat, ist sie in ihrem Entscheidungscharakter religiös. Indem sie aber von den beiden Liebenden selbst vollzogen wird ohne Rekurs auf irgendwelche religiösen Lehren oder Praktiken, ist sie eine Nach-Religion. Nochmals mit U. Beck: "Liebe ist ein Schema des Hoffens und Handelns, das mit seiner Enttraditionalisierung, mit dem Rückzug von Staat, Recht und Kirche seine *Eigenlogik*, seine eigene *Konfliktlogik* und seine *immanenten Paradoxien* entfaltet. Die Turbulenzen, die hier ausbrechen, sind also nicht nur – wie in der Psychologie vermutet wird – in den *einzelnen* und ihrer frühkindlichen Sozialisation oder – wie in der Soziologie vermutet wird – in den *externen* Bedingungen von Arbeit, Ungleichheit usw. begründet, sondern eben auch wesentlich in der 'Logik' und 'Unlogik' einer auf der Flüchtigkeit von Gefühlen und Selbstverwirklichungsansprüchen aufgebauten Lebensform."[35] Hier geht es um einen quasireligiösen, nachreligiösen Liebeserlösungsglauben[36], wonach Liebe eine kirchenlose und priesterlose "Religion" ist, „deren Bestand so sicher ist *wie die Schwerkraft enttraditionalisierter Sexualität*. Ihre Nichtinstitutionalisierbarkeit heißt auch: Institutionsunabhängigkeit. Diese aber wiederum legt die Liebe noch einmal in die Hände der Individuen, macht sie – bei aller kulturellen Fassung und Formung – zu einer internen Angelegenheit der Liebenden selbst, prädestiniert sie zu einer traditionslosen, traditionsunabhängigen, nachtraditionellen 'Religion', die

Jugend und Religion in Europa II. Bericht vom II. internationalen Göttinger religionssoziologischen Symposion. Frankfurt/M. 1996.
[33] W. Welsch: Religiöse Implikationen und philosophische Konsequenzen "postmodernen" Denkens, in: A. Halder; K. Kienzler; J. Möller (Hrsg.): Religionsphilosophie heute. Düsseldorf 1988, S. 117-129.
[34] U. Beck; E. Beck-Gernsheim: Das ganz normale Chaos der Liebe. Frankfurt/M. 1990, S. 222ff.
[35] A.a.O., S. 225.

deswegen gar nicht als solche bewußt wird, weil sie aus dem innersten Wunschzentrum der Individuen aussteigt, deren ureigenstes, unwiderstehliches Bestreben ist."[37]

2.5 Erleichterung als Mediatisierung?

Aber müssen wir heute nicht schon wieder einen Schritt weitergehen? Die von U. Beck beschriebene "Nachreligion der Liebe" gerät in die Fänge der oben schon angesprochenen Mediatisierung unserer Gesellschaft in der Weise, dass das Individuum in dieser Heilswelt selbst aufgespalten wird in die Suche nach innen zwecks Selbst-"Erlösung" (als Ich-Findung) und in die Adaption an das Informations-"System" nach außen zwecks Selbst-"Erleichterung". Vielleicht verschiebt sich aber das Gewicht so zur Erleichterungsreligiosität hin, dass selbst die "Ich-Jagd" nicht mehr auf Erlösung und Versöhnung setzt? Es ist völlig offen, welchen Weg unsere gesamtgesellschaftlich inszenierte Medien-Installierung nehmen wird; drei mögliche Szenarien lassen sich vorstellen, die sich auch in Äußerungen, Handlungen und Deutungen von Jugendlichen niederschlagen:

- Das restlose Verschwinden des Menschlichen an uns Menschen und damit von uns Menschen im selbstreferentiellen Medien-System, was z.B. J. Baudrillard als "Perfektes Verbrechen"[38] an uns selbst, andere als den Tod von uns Menschen brandmarken. Nachdem Tier und (mechanische) Maschine überflüssig geworden sind (auch das Auto wird durch die perfekte Medien-Gesellschaft überflüssig und damit zum Luxusartikel), macht die Mediatisierung uns Menschen überflüssig; ereignet sich der gesellschaftliche Selbst-Tod von uns Menschen?

- Die neo-metaphysische Lösung in Form der Imitation des Urtyps durch die User. Ein Beispiel hierfür ist die bereits erwähnte Figur der Lara Croft: ... in diesem Horizont geraten wir – strukturell, nicht inhaltlich – in die mittelalterliche Metaphysik des Nachmachens und wahrscheinlich in deren Geist-Materie-Dualismus.[39] Kehrt die von Gott und Kaiser nach unten bis zum "Nährstand" durchhierarchisierte Ständegesellschaft in der Ein- bzw. Zwei-Drittel-Informationsgesellschaft mit den Usern an der Spitze wieder, jetzt aber unter dem genau umgekehrten Vorzei-

---

[36] A.a.O., S. 230.
[37] A.a.O., S. 233.
[38] J. Baudrillard: Das perfekte Verbrechen. München 1996.
[39] Vgl. W. von Barloewen: Der Mensch im Cyberspace. Vom Verlust der Metaphysik und dem Aufbruch in den virtuellen Raum. München 1998; P. Lewi: Die kollektive Intelligenz. Eine Anthropologie des Cyberspace. Mannheim 1997; K. Müller: Das 21. Jahrhundert hat längst begonnen. Philosophisch-theologische Beobachtungen zur Cyberkultur, in: M.N. Ebertz; R. Zwick (Hrsg.): Jüngste Tage. Die Gegenwart der Apokalyptik. Freiburg 1999.

chen, nämlich dass die einstige Ohnmachtsstellung des Menschen Gott gegenüber im gehorsamen Glauben jetzt ersetzt wird durch die Ohnmachtsstellung der User dem "Zeichen" gegenüber und der Zwei-Drittel-Ausgeschlossenen den "Zeichen"-Usern gegenüber? (Könnte man diesen Prozeß nicht ebenso an der Entwicklung der Gentechnologie zeigen, wenn nämlich der "Neue Mensch" zum Produkt des Menschen wird in "Anbetung" des Bausteins Gen?) Würde sich Gesellschaft so nicht hermetisch in ein Zeichen-System verwandeln, abschließen, letztlich sich selbst aufheben?

- Oder kann sich der Einzelne einen Selbsterlösungstrip und einen Erleichterungskonsum vor-stellen, diese Vorstellung als Selbstduplikation durchschauen, sie als Klonen durch Medien-Konsum entlarven und dadurch aufbrechen im Wunsch nach sinnlich-körperlichem Umgang mit anderen und anderem? Diese Offenheit würde sich zeigen an entsprechenden Präferenzen und Optionen der Jugendlichen im Blick auf körperlich-sinnliche Erfahrungen (als Grunderfahrungen der Selbstvergewisserung).[40] Solange sich aber Erfahrungen mit dem Körper auf Jogging und Model, auf Verzieren der Haut und "Man gönnt sich ja sonst nichts", auf Gesundheitstechniken und Betäubungsrituale beschränken, verbleibt Leiblichkeit im beherrschenden Haben eines Körpers, und es bleibt vergessen, dass wir Menschen zuerst Körper sind, leiblich sind, uns als leibliche Wesen immer schon vorgegeben sind und dann erst unseren Körper haben, stylen, pflegen können.

3. Um welche Jugendlichen geht es?

3.1 Die Teilhabe am Unterhaltungsmilieu dominiert

Nimmt man einmal G. Schulzes fünf Milieu-Bestimmungen an, dann ist für die Jugendlichen besonders der Teilzeitberufsschulen vornehmlich vom *Unterhaltungsmilieu* mit folgenden Präferenzen auszugehen (zwischen 16 und max. 40 Jahren; geringe Bildung; Distanz sowohl zur Hochkultur als auch zur Trivialkultur der meist Älte-

---

[40] Vgl. U. Gerber: Theologie als Wahrnehmungslehre, in: Zur Phänomenologie des Glaubens. Festschrift für H. Ott zum 70. Geburtstag. Theologische Zeitschrift 55(19999) Heft 2/3, S. 199-211; als Beispiel eines entsprechenden didaktischen Konzeptes bei D. Zilleßen; U. Gerber: Und der König stieg herab von seinem Thron. Frankfurt/M. 1997; als Beispiel eines alternativen Wirtschafts- und Gesellschaftskonzeptes vgl. U. Brand; A.

ren): Autofahren, Fußballfan, Spiel- und Automatenhallenbesucher, TV mit Video-Sehen (Unterhaltungsfernsehen), Science-Fiction-Filme, Zeichentrickfilme, Pop/Rock/Folk und deutsche Schlager, Kino, Disco, Kneipe usw., andererseits Desinteresse an Politik, Literatur (außer Modezeitschriften u.ä. vornehmlich bei weiblichen Jugendlichen und Auto-Zeitschriften vornehmlich bei männlichen Jugendlichen), Sachwissen, Tageszeitungen (z.B. außer Bild-Zeitung), Stadtteilkultur, Jazz usw.[41] Dass dieses Milieu weniger sichtbar ist in der Öffentlichkeit, liegt laut G. Schulze am "Verschwinden in Angebotsfallen: Kino, Fußballplatz, Automatensalon, Videothek, Autorennen, Fitness-Studios, Diskotheken, Kneipenszene."[42] Gleichzeitig werden auch Lebensstilelemente, Moden, Symbole, Zeichen aus dem (wohlsituierten) *Selbstverwirklichungsmilieu* übernommen, z.B. teure Turnschuhe in den 80er Jahren, gehobene Mode-Kleidung, Automarken, Urlaubsziele. Die persönlichen Bedürfnisse bzw. der Erlebnisreiz stehen im Vordergrund – aber weniger dynamisch-aktiv wie im Selbstverwirklichungsmilieu, sondern eher adaptiv, gegenwartsorientiert (also nicht als expliziter Lebensentwurf) ohne besondere Ambitionen, möglichst ohne Spannungen und Ambivalenzen und "echte" Realität, so dass andere Menschen und die Umwelt als "Ressource der Befriedigung" angesehen, verwendet, vereinnahmt werden. Aktivität tritt immer dann hervor, wenn es um Action als Genussform geht, die sich als Aktiviert-Werden vollzieht. Die Lebenszufriedenheit ist relativ gering; bisweilen nimmt das Verhalten apathische Züge an (Desinteresse), da man von anderen ohnehin keine Hilfe erwarten kann (bei gleichzeitig relativer Hochschätzung der Eltern und des Freundeskreises); Angst vor Orientierungsverlust korrespondiert dem Anliegen, zuerst an sich selbst zu denken, ohne über sich nachzudenken. Dem entspricht eine weitgehende religiöse und moralische Indifferenz, hat man doch die großen Fragen verabschiedet und ist zukunftsbereit, ohne einen Lebensentwurf.

Elemente des besonders von über 40-Jährigen mit niedriger Schulbildung vertretenen *Harmoniemilieus* mischen sich bei den Jugendlichen ein[43]: Nähe zur Trivialkul-

Brunnengräber; L. Schrader, Chr. Srock; T. Wahl: Global Governance. Alternative zur neoliberalen Globalisierung? Münster 2000.

[41] G. Schulze: Die Erlebnisgesellschaft, a. a. O., S. 322-330; vgl. hierzu U. Volkmann: Das Projekt des schönen Lebens – Gerhard Schulzes „Erlebnisgesellschaft", in: U. Schiemank; U. Volkmann (Hrsg.): Soziologische Gegenwartsdiagnosen I. Eine Bestandsaufnahme. Opladen 2000, S. 75-89.

[42] Ders., a.a.O., S. 322.

[43] Ders., a. a. O., S. 292-300; Vgl. M. Ulbrich/Herrmann: Lebensstile Jugendlicher und Gewalt, in: Newsletter Nr. 9 (Jan. 1998), Universität Bielefeld: Institut für Interdisziplinäre Konflikt- und Gewaltforschung, S. 12 ff., unterscheidet sechs Lebensstile: (1) auf Film, Fernsehen und Techniknutzung abgestellter Lebensstil eher männlicher Jugendlicher; (2) der Outfit-orientierte, außerhäusliche geselligkeitssuchende Lebensstil eher männlicher und älterer Jugendlicher mit schulischem oder sozialem Problemdruck bei gleichzeitiger Pflicht- und Leistungsorientierung; (3) provokativ-flippiger, kultur- und bildungsbeflissener Lebensstil eher weiblicher Jugendlicher

tur; reduzierte, selektive Wirklichkeitswahrnehmung; Momente fatalistischer Lebenseinstellung (als ein Stück Wirklichkeitsverlust); Suche nach Geborgenheit (z.B. der
Pop-/Rock-Musik); Suche nach klaren Lösungen (was bisweilen Gewaltanwendung
einschließen kann), nach stabiler Gruppe (mit einem Hang zur Unterordnung), nach
einem vornehmlich materiell erfüllten, irdisch-paradiesischen Leben (z.B. per Lotto-
gewinn; meist aufgrund von fundamentalen Deprivationserfahrungen und der damit
verbundenen Sehnsucht nach Erlösung und Versöhnung statt nur Erleichterung);
Fernseher und Videogerät als Möglichkeiten des Unterhaltenwerdens.

Bei Jugendlichen mit Realschulabschluss und Abitur kommen viele Elemente des
Selbstverwirklichungsmilieus zum Vorschein. Die Individualisierung schlägt in den
biographischen Entscheidungen stärker durch, weil der Einzelne zum Entschei-
dungsträger, zum Angelpunkt, zum Selbst-Inszenator und Selbst-Repräsentanten
wird (wozu wiederum eine höhere Bildung, Autonomie-Tendenz, Nähe zur Hochkultur usw. gehören). So finden sich Präferenzen der neuen Kulturszene, verbunden mit
Sport wie Tennis, Surfen und Skifahren, mit Kaffee- und Kneipenszene, besonderen
Diskotheken, aber auch politischen und wissenschaftlichen Informationen, mit Neu-
gier auf Technik und coolem Umgang mit Technik bzw. Aversion gegen Lokalkolorit,
Unterhaltungssendungen und Kulturfilme, Schlager- und Trivialliteratur u.a.m. Action
und Kontemplation stehen hier im Vordergrund. Perfektion und ein Schuss Narziß-
mus sind die Motivationen, gepaart mit einer hohen Offenheit, Suche nach Abwechs-
lung, Vertrauensbereitschaft, Lebenszufriedenheit, gegen Unterordnung und Fata-
lismus.

Insgesamt ist das Erscheinungsbild der Jugendlichen – auch milieuorientiert gesehen – plural, vielleicht sogar insgesamt noch vielfältiger und zugleich in den einzelnen Milieus, also "nach innen", synkretistischer geworden. Diese Entwicklung erhöht andererseits den Orientierungs-, Entscheidungs-, Selbstinszenierungsdruck.
Der Weg ins Leben, ins Erwachsensein in einer individualisierten und pluralisierten
Gesellschaft ist eben für die meisten Jugendlichen schwierig und anstrengend. Es
werden von ihnen Flexibilität verlangt und eine hohe Frustrationsschwelle erwartet –
im Wissen darum, dass mit Ausbildungs- und Arbeitsstelle, mit Bildungsabschluss

---

höherer Bildung mit Tendenz zum politisch-alternativen Engagement bei gleichzeitiger Distanz zu den gesell-
schaftspolitischen Verhältnissen; (4) auf die Peer-Group und auf Jugendthemen ausgerichteter, apolitischer und
orientierungssuchender Lebensstil in einem Verbund von konservativer Wertorientierung und jugendlicher Flip-
pigkeit; (5) passiv-resignativer Lebensstil mit Tendenzen zur Flucht in legalen und illegalen Drogenkonsum bei
überwiegend männlichen Jugendlichen; (6) prosozialer und unauffälliger Hochkultur-Lebensstil bei eher weiblichen Jugendlichen höherer Schulbildung.

und Netz-Zugängen, mit dem Rekurs auf das Elternhaus, die soziale Schere noch weiter aufgehen kann (auf die Ein- bzw. Zwei-Drittel-Gesellschaft hin).

3.2 Die vielfältigen Lebenskonzepte haben ihren Fokus in Familie und Arbeitswelt

Die postmodernen Jugendlichen leben nicht, wie man vermuten würde, ohne feste Bindungen, "living apart together", möglichst ohne Heirat, Familie und Kinder. Der Wunsch nach einem Partner bzw. Partnerin, nach Haus/Heim, Kindern läuft parallel zum Vorhaben einer guten Ausbildung und dem Wunsch, einen interessanten Job zu bekommen, ein ausreichendes Einkommen zu haben, stellt die 13. Shell Jugendstudie fest. Entsprechend laufen sogenannte materialistische Werte wie Auto, Einkommen, Eigenheim, die durch Leistung zu erringen sind, und postmaterialistische Werte wie Freundschaft, Liebe, Zärtlichkeit, die sich in Solidarität und Intimität im Eingehen auf den Anderen und als Vertrauen und Treue ereignen und eingehalten werden, parallel. Deswegen läßt sich kein Werteverfall finden: „Wir haben den berühmten Werteverfall nicht finden können – im Gegenteil. Werteverfall heißt ja, dass die Menschen darauf verzichten, klare Wertvorstellungen auszubilden. Jugendliche sind sehr wohl zu Wertentscheidungen fähig, allerdings sind es manchmal Werte, die nicht auf Linie zu liegen scheinen. Wenn unsere Gesellschaft ein Problem hat, dann geht's um Verständigung. Der Vorwurf, den Jugendliche Erwachsenen machen, ist, dass sie nicht bereit sind, über ihre Wertvorstellungen zu sprechen. Der Ball kommt zurück. Erwachsene verkünden Werte, die sie nicht praktizieren. Aber die Werte, die ihnen wichtig sind, die verraten sie nicht. Und: Eine ressourcenverschleudernde Gesellschaft ist kein guter Ort für Umwelterziehung. Eine in sich friedlose, konfliktträchtige Gesellschaft ist kein guter Ort für Friedenserziehung."[44]

Waren bislang Peer-Group, Freundeskreis und/oder Partner bzw. Partnerin die primären Bezugspunkte und Bezugspersonen, so ist in den letzten Jahren – wie in unserer Untersuchung deutlich sichtbar wird und wie es von der 13. Shell Jugendstudie explizit vermerkt wird – die Familie und dabei vornehmlich die Mutter zur wichtigen Bezugsperson geworden. Der Sinn des Lebens erschließt sich – neben der sinnvollen Arbeit – im Erleben und Leben von Familie mit der Mutter als "Leitfigur"

---

[44] R. Breer: Jugend 2000 - 13. Shell-Jugendstudie, in: Schule und Kirche. Informationsdienst zu Bildungs- und Erziehungsfragen. Hrsg. Evangelische Kirche im Rheinland, Heft/2000, S. 11; vgl. I. Lenz; H.M. Nickel; B. Riegraf (Hrsg.): Geschlecht – Arbeit – Zunkunft. Münster 2000 (Forum Frauenforschung Bd. 12); A. Blome: Erinnerungsarbeit ist Befreiungsarbeit. Ein feministisch-theologischer Beitrag zur religiösen Sozialisation, in: Theologia Practica 30(1995) Heft 1, S. 3-14.

(wobei viele muslimische Jugendliche traditionell den Vater als Autoritäts-Bezugs-Person nennen).[45] Zwei Fragen lassen sich hier anschließen: Ist wirklich Familie gemeint oder nicht eher das Unverbindliche, aber allzeit bereite „Hotel Mami", so daß Familie (wie Religionsangebote) als Beitrag zur Erleichterung benutzt wird? Und läßt sich in dieser Verschiebung so etwas wie eine ödipale Wende ausmachen: Vom Autoritäts-Vater zur Geborgenheits-Mutter, von anstrengender Differenz-Erfahrung zur Ruhe versprechenden Erfahrung von Verbundenheit (H.W. Opaschowski in der Umfrage „Freizeit-Monitor 2001"), vom „männlichen" Auto zum „weiblichen" Handy als Allgegenwartsmittel, von einer eher aggressiv geprägten zu einer eher infantil-regressiv bestimmten Lebenseinstellung?

Das Fazit der 13. Shell Jugendstudie: „Der Ansatz bei den Zukunftsorientierungen hat zu einem variantenreichen Bild von den Lebensentwürfen und Handlungsbereichen der Jugendlichen geführt. Die allgemeinen, die auf den Beruf und die auf den familiär-privaten Lebensbereich gerichteten Zukunftsorientierungen haben sich in vielen Hinsichten als zusammengehörig erwiesen. Ein mitbestimmender Einfluß von der Erziehungserfahrung im Elternhaus her wurde sichtbar. In der Sache spricht wenig für die Annahme, die Jugendlichen wüßten angesichts von fortdauernder Arbeitslosigkeit, von Flexibilisierung, Globalisierung und rasantem Wandel in allen Bereichen des Lebens nicht aus noch ein, eher im Gegenteil. Einigermaßen zuversichtlich versuchen sie, ihre Lebensperspektiven vorzubereiten, ihre Möglichkeiten im Beruf auszuschöpfen und ein befriedigendes Privatleben zu erreichen."[46]

3.3 Erfahren sich Jugendliche heute anders?

In unserer reflexiv gewordenen Risiko- und Informationsgesellschaft erfahren sich Jugendliche insofern anders als frühere Jugendliche, als sie sich nicht mehr auf die Gesellschaft von sich aus beziehen, sondern die Gesellschaft auf sich beziehen. Die Welt der "Erlebnisgesellschaft" ist, wie G. Schulze formuliert hat, nicht mehr der vorgegebene Orientierungsrahmen, sondern die Orientierung am "Innen" dominiert, sichtbar etwa an Kleidung, Essen, Partnerschaft, Kinderhaben, Beruf, Bildung, Transport. Ein Beispiel: „Bei einer außenorientierten Lebensauffassung gilt bei-

---

[45] Deutsche Shell (Hrsg.): Jugend 2000. Bd. 1, a. a. O., S. 23 ff.: Zukunftsorientierungen und Verhältnis zu den Eltern; Vgl. Die 99er. Jugend der Jahrtausendwende, in: DER SPIEGEL Nr. 28 vom 12.07.1999, S. 101: Als Vertrauenspersonen wurden genannt: Eltern 95 %, Freunde 91 %, Geschwister 83 %, Ärzte 72 %, Lehrer 49 %, Politiker 12 %; auf die Frage "Was ist für Sie das wichtigste im Leben?" antworteten 62 % mit Familie, 51 % mit Freundschaft, 46 % mit Gesundheit, 44 % mit Liebe, 21 % mit Karriere, 20 % mit Gerechtigkeit.
[46] Deutsche Shell (Hrsg.): Jugend 2000. Bd. 1, a. a. O., S. 92.

spielsweise das Ziel, Kinder zu haben dann als erreicht, wenn die Kinder existieren, bei einer innenorientierten Lebensauffassung erst dann, wenn sie die Kinder glücklich machen oder ihnen wenigstens nicht zu sehr auf die Nerven gehen. Oder : Ob ein Auto fährt (außenverankertes Ziel), können alle beurteilen; ob man dabei ein schönes Fahrgefühl hat (innenverankertes Ziel), muß jeder für sich entscheiden."[47]

Ein weiteres Beispiel ist der bereits angesprochene Umgang mit dem Körper: Der Körper ist zum Projekt geworden (während er früher eher ein Objekt war, das eine bestimmte Pflege und Präsentation innerhalb der Familie, der Schule, der Gesellschaft verlangte).[48] Körperpräsentation und Körperdynamik sind nicht mehr eindeutig gesellschaftlich vorgegeben, sondern an verschiedenen "Modellen" ablesbar, etwa der Körperpräsentation einer Steffi Graf oder eines Boris Becker, Körperinszenierungen von Pop-Stars wie Madonna oder Michael Jackson. „Der Körper ist für die Jugendlichen, stärker wohl als für frühere Generationen, ein Medium des Selbstausdrucks und der Selbststilisierung, eine Aufgabe, ein Projekt, an dem es zu arbeiten gilt." Wenn auch Jugendliche nicht zum primären Kundenstamm der Einrichtungen wie Bräunungsstudios gehören, so ist ihnen die Erfahrung anzumerken, dass jede und jeder selbstverantwortlich für die Figur und für das Aussehen ist. Das "Leben im Plural" ist in fast allen Bereichen für die Jugendlichen zur Selbstverständlichkeit geworden. So rückt die "Pluralitätskompetenz" zur vornehmlichen Schlüsselqualifikation auf.[49] Der Habitus der Eindeutigkeit, die Bedürfnisse nach Begrenzung, die Wünsche nach klarem Entweder-Oder gehen bei den Jugendlichen über in mehr Offenheit, Mehrdeutigkeit, Unbestimmtheit, was andererseits aber ungeheuer verunsichert und sich bei manchen Jugendlichen in Ausgrenzung, Fremdenfeindlichkeit, Gewalt, in einem Überforderungssyndrom äußern kann. Das offene Konzept einer "Patchwork-Identität" birgt gleichzeitig eine hohe Integrationsleistung der Jugendlichen in sich, die nur wenige zu leisten vermögen. Das "Recherche-Ich" ist meistens ein Zufallsprodukt und kann teilweise und zeitweise zum "Ich-Verzicht" führen.[50] Und dieses

---

[47] G. Schulze: Die Erlebnisgesellschaft, a.a.O., S. 37.
[48] Vgl. R. Göppel: Das Jugendalter heute. Zeit des Wandels in einer Zeit des Wandels, in: Scheidewege. Jahresschrift für skeptisches Denken 25 (1995/96), S. 203ff., zit. S. 225f.
[49] W. Welsch: Topoi der Postmoderne, in: H.R. Fischer; A. Retzer (Hrsg.): Das Ende der großen Entwürfe. Frankfurt/M. 1992, S. 44.
[50] Vgl. H. Keupp: Postmoderne Welt des fröhlichen Durcheinanders, in: Psychologie heute 20 (1993), Heft 6, S. 50-57; R. Göppel: Das Jugendalter heute, in: a.a.O., S. 228f.

"Zufalls-Ich" ist leichter ersetzbar als ein zwar fragmentiertes "Ich", das sich aber ständig in intensiven, krisenhaften Suchprozessen begreift.[51]

Der Erfahrungs- und Wahrnehmungshorizont der Jugendlichen hat sich mit den Veränderungen unserer Gesellschaft ebenfalls verändert. So steht Modernität im Sinne von Wahlmöglichkeit, Entscheidung, Chancenreichtum mit im Vordergrund, besonders als Teilhabe an technischem Fortschritt und Politik: „An ihr (sc. Modernität) entscheidet sich vieles in Bezug auf die eigene Zukunftsfähigkeit). Aber: ein hohes Interesse an Technik oder die Befürwortung von Modernität bedeuten keineswegs zugleich eine 'soziale Verarmung'. Im Gegenteil: Gerade Technik und neue Medien (Nutzung von Handy und Internet) sind zumeist Bestandteil eines besonders reichhaltigen und engagierten Soziallebens und Grundlage für aktive Freizeitgestaltung."[52] So gehören z.B. auch Autonomie des Einzelnen und Menschlichkeit für heutige Jugendliche zusammen, was früher sicher als Widerspruch empfunden worden wäre. Also auch hier: „Gelebt wird mehr denn je 'Sowohl als auch' und nicht – wie es frühere Werterziehungskonzepte implizierten – ein 'Entweder-oder'."[53]

4. Arbeit ist das halbe Leben

4.1 Wie sieht der Weg der Arbeit von der Industrie-Gesellschaft in die Informations-Gesellschaft aus?

„Der tiefgreifendste Wandel unserer Arbeitswelt steht uns bevor. Die multimediale Zukunft soll die Welt, die Gesellschaft und unser Leben verändern. Die Konsumenten werden dann zunehmend die Computer an- und den Fernseher ausschalten und mehr auf den Daten-Highways als auf richtigen Autobahnen pendeln. Die schöne neue Medienwelt wird sogar als die wichtigste Umwälzung für die Menschheit seit Nutzung des Feuers gewertet."[54] Da wir zugleich seit etwa 25 Jahren eine Massen-

---

[51] Vgl. G. Bittner: Von den Schwierigkeiten Jugendlicher. Eine sinnvolle Lebens- und Zukunftsperspektive aufzubauen, in: Neue Sammlung 39 (1991), Heft 1, S. 82-96; H. Luther: Identität und Fragment. Praktisch-theologische Überlegungen zur Unabschließbarkeit von Bildungsprozessen, in: Theologia Practica 20 (1985) S. 317-338; ders.: Religion und Alltag. Bausteine einer praktischen Theologie. Stuttgart 1992.
[52] Deutsche Shell (Hrsg.): Jugend 2000, Band 1, a.a.O., S. 15.
[53] A.a.O., S. 16.
[54] H. W. Opaschowski: Von der Generation X zur Generation @. Leben im Informationszeitalter, in: Aus Politik und Zeitgeschichte B 41/1999, S. 10; vgl. Modernisierungskonzept für die berufsbildenden Schulen 2000 in Niedersachsen. Hrsg. Niedersächsisches Kultusministerium. Hannover 1999: „Schule hat sich beständig der Lebenswirklichkeit zu stellen. Diese ist geprägt durch einen grundlegenden Strukturwandel der gesamten Wirt-

arbeitslosigkeit um die vier Millionen haben, wird allerdings die Jugendphase als Vorbereitungsphase auf das Arbeits- und Erwerbsleben immer fragwürdiger. Der beschleunigte soziale Wandel schließt ständig die Frage ein, was Ausbildung und überhaupt Bildung sind und sein sollten, wenn der Einsatz der neuen Medien-Technologien über die Wettbewerbsfähigkeit von Unternehmen entscheidet und wenn zugleich entsprechend die Kompetenzen des Arbeitnehmers im Umgang mit diesen Technologien für den Erhalt eines Arbeitsplatzes ausschlaggebend sind. „Flexibilität ist gefragt; lebenslanges Lernen und Umlernen sind notwendig; ein neues Nomadendasein in einer neuen Internet-Kultur wird zum dominierenden Arbeitsverhalten werden. Alles vagabundiert: die Menschen, die Unternehmen, das Geld, die Aktien ... Arbeit hat sich grundlegend verändert – und damit auch die Institutionen der Berufsausbildung, der Fort- und Weiterbildung im Beruf."[55] Wirtschaftswissenschaftler wie Daniel Cohen sprechen deswegen von einer Zwischenzeit: Arbeit, Staat, Unternehmen, zwischenmenschliche Beziehungen (z.B. die Verhandlungsfamilie; die Nachreligion der Liebe zu zweit), Lebensplanung (Abrüche, plurale Lebens- und Arbeitsbiographien usw.), Selbst-Entwürfe – sie sind alle im Umbruch, der sich zweischneidig vollzieht: neue Chancen und Freiräume, speziell durch technische Innovation, und zugleich neue Anforderungen und Ausgrenzungen. Der derzeitige Wohlstand kann wohl nur um den Preis neuer Zwänge gehalten werden. D. Cohen plädiert gegen die These vom „Ende der Arbeit", auch gegen Visionen von „neuer Arbeit" mit dem Hinweis, daß der Mensch mit seinen individualisierten Fähigkeiten und Bedürfnissen immer mehr in den Mittelpunkt rücken wird und die Gesellschaft sich entsprechend umbauen muß.[56] Umgekehrt schätzen Trendforscher, daß in 20 Jahren nur noch etwa 20 Prozent der heute Erwerbstätigen benötigt werden. Arbeit wird zum Projekt; Arbeiter werden zu Jobhoppern und Projektnomaden.

---

schafts- und Arbeitswelt, wie er vielleicht nur mit dem Übergang von der Agrar- zur Industriegesellschaft zu vergleichen ist".
[55] V. Spies: Bildung in der Informationsgesellschaft, in: Aus Politik und Zeitgeschichte B 6-7/2001, S. 12-19; vgl. E. Beck-Gernsheim: Das halbierte Leben: Männerwelt Beruf – Frauenwelt Familie. Frankfurt/M. 1980; S. Plonz: Zukunft der Arbeit. Kritik der Politischen Ökonomie und feministische Ethik, in: Schlangenbrut. streitschrift für feministisch und religiös interessierte Frauen 16(1998) Heft 61, S. 11-14, mit weiterer Literatur; A. Bamme Akzent; W. Blumberger; J. Hochgerner; H. Nowotny; I. Wagner (Hrsg.): Transformation der Arbeit. Prozeßwissenschaftliche Erforschung einer Grundkategorie. Wien 1997, bes. G. Schwarz: Utopien der Arbeit, S. 17-35; E. Kitzmüller: Von der Arbeitsgesellschaft zur Tätigkeitsgesellschaft: Neue Verständigungsprozesse, S. 161-194.

4.2 Arbeit war Imitation, ist Produktion und wird zur Simulation

Die drei oben bereits angesprochenen Szenarien enthalten jeweils spezifische Arbeits- und Ausbildungskonzepte. Arbeiten wurde bis zum ausgehenden Mittelalter als ein Modus der Nachahmung (= *imitatio*) des Schöpfungshandelns Gottes vollzogen. Je höher jemand auf der spirituellen Skala in den Himmel vorrückte, desto weniger durfte er mit Arbeiten gestört werden. Mit der Reformation, besonders mit Luthers neuem, nämlich säkularisierenden Verständnis von Berufsethos, mit puritanisch-reformierter Askese, mit den aufkommenden Wissenschaften, mit dem florierenden Handel, Handwerk und Kapital, wurde Arbeiten zum säkularen Produzieren um des Lebensunterhaltes willen und auch um der Gewinne willen für den Unternehmer. Mit dem Übergang in die Informationsgesellschaft wird Arbeiten jeglichen Sinnes entkleidet; Arbeiten heißt dann, sich in dem selbstreferentiellen Informationssystem so einzurichten und sich sogar derart damit zu identifizieren, dass der Arbeitende selbst zu einem Informationszeichen in diesem System, zu einem informiert-informierenden Cyborg wird.[57]

Wofür lernen wir also dann was? Welche Berufsbilder, Ausbildungsgänge, Führungsstile sind zukünftig wichtig, wenn die Ausbildung per "Net-Sistenz" ab dem Kindesalter beginnt und sich lebenslang fortsetzt? Und wenn heute manche kritische Stimmen gegen Computer-Kindergärten einwenden, dass mit dem Ausbildungseintritt dieser Kinder in etwa zehn Jahren Computer völlig anders konstruiert seien und z.B. über Stimmen-Reiz-Reaktionen funktionieren werden, dann zeigt sich ein grundlegendes Problem von Bildung und Ausbildung in unserer Gesellschaft. Welche Formen von Kommunikation und Kooperation werden im Vordergrund stehen?[58] Wohlgemerkt: Es geht nicht um die Leistungsbereitschaft Jugendlicher, die laut Umfragen zugenommen hat und nicht das Bild hedonistischer 'Schlaffis' zuläßt.[59] Es geht um die Fragen von Bildung und Ausbildung, von Schlüsselqualifikationen, Kompetenzen und Lernfeldern.

---

[56] D. Cohen: Unsere modernen Zeiten. Wie der Mensch die Zukunft überholt. Frankfurt/New York 2001.

[57] Vgl. U. Gerber: Theologie und Ethik - am Beispiel Beruf, in: Chr. Hauskeller; W. Liebert; H. Ludwig (Hrsg.): Wissenschaft verantworten. Soziale und ethische Orientierung in der technischen Zivilisation. W. Bender zum 70. Geburtstag. Münster 2001, S. 69-76; Bundesinstitut für Berufsbildung. Der Generalsekretär (Hrsg): Impulse für die Berufsbildung. BIBB-Agenda 2000+. Bonn 2000, S. 221ff.

[58] Vgl. G. Stockinger; M. Stifter: Wege in die Informationsgesellschaft. Eine soziologische Vision. Frankfurt/M. 1999; C. van Barloewen: Der Mensch im Cyberspace. Vom Verlust der Metaphysik und dem Aufbruch in den virtuellen Raum. München 1998.

4.3 Für welches Arbeiten bilden wir aus?

Deutlich ist gegenüber der Produktionsgesellschaft, dass Jugendliche sich mehrheitlich über Arbeit, aber zugleich ebenso über "Vergnügen haben" im Privatbereich definieren. Sie beziehen sich nicht mehr auf die Arbeit, sondern die Arbeit auf sich.[60] Dies bedeutet, dass der Wert "Arbeit" stark abhängig ist von Ressourcen wie Qualifikation, langer Jugendphase, Kommunikationsvermögen usw.[61] und von den Erwartungen, Selbsteinschätzungen, Initiativen der Jugendlichen selbst.[62]

Es tritt immer klarer zutage, dass kaum jemand den seiner Ausbildung entsprechenden Arbeitsplatz erhalten wird und dass kaum jemand in Zukunft seine erste Arbeitstelle arbeitslebenslang beibehalten wird bzw. kann bzw. möchte. Die Arbeitsprofile ändern sich rasch aufgrund des schnellen Technologie- und Wissenswandels einerseits und der Konsumenten-Nachfrage und der Verbraucher-Ansprüche andererseits.[63] Darauf antwortet die Informationsgesellschaft einschließlich der New Economy mit dem Bildungsvorgang von Kindesbeinen an (Früherziehung), mit der Akademisierung und Elitenbildung z.B. in Heilberufen, um mit der Heerschar der noch schlechter Bezahlten ökonomisch gewinnbringender arbeiten zu können.[64] die antwortet mit der "Verberuflichung" einer jeden Tätigkeit, in dem der DIHT ab Mitte der 90er Jahre und die Handelskammer Hamburg neuerdings ein "heiteres Berufebasteln" einführten: Jeder Branche ihren Beruf. Sie antwortet mit dem "lebenslangen Lernen" (Weiterbildung) als eines "Flexibilitätsjoggings" und der Altersfortbildung durch Fitnessangebote für Senioren und Seniorinnen. Das Bildungs-Gebot verfolgt uns alle überall und lebenslang und wird noch extensiver und intensiver durch die fortschreitende Mediatisierung. Und was bedeutet dies für die Ausbildung im dualen System?

Sind noch die klassischen Schlüsselqualifikationen und Kompetenzen fachlichen wie allgemeinbildenden, sozialen und persönlichen Zuschnitts notwendig? Ist es nicht besser, ein Paket von Grundqualifikationen im dualen System zu vermitteln und dann in den Betrieben eine jeweilige Spezialausbildung anzubieten? Überlegungen gehen dahin, ein Pflichtqualifikationspensum je Ausbildungsgang und dann Module

---

[59] Deutsche Shell (Hrsg.): Jugend 2000. Band 1, a.a.O, S. 192ff.
[60] M. Baethge: Arbeit, Vergesellschaftung, Identität. Zur zunehmenden normativen Subjektivierung der Arbeit, in: Soziale Welt 42(1991) Heft 1, S. 6-19; U. Beck: Schöne neue Arbeitswelt. Vision: Weltbürgergesellschaft. Frankfurt/New York 1999, S. 7ff.
[61] Deutsche Shell (Hrsg.): Jugend 2000. Band 1, a.a.O., S. 129f.
[62] A.a.O., S. 192ff.
[63] Vgl. S. Englert: Die Jobs der Zukunft. Neue Berufsbilder und was sich dahinter verbirgt. Frankfurt/New York 2000.

für die Bildungskür (Zusatzqualifikationen, Weiterbildung usw.[65]) anzubieten, was allerdings die Gefahr einer fortschreitenden Fragmentierung in sich birgt. Seitens der KMK wird verstärkt auf die Verselbstständigung der berufsbildenden Schulen als "Kompetenzzentren" gesetzt mit dem Hinweis, dass dadurch neue kooperative Ausbildungsinitiativen möglich werden, z.B. in Rüsselsheim (Hessen) seitens der Berufsschule, der Betriebe, der Region, des betreffenden Arbeitsamtes, der dortigen Volkshochschule, des Ausbildungsverbundes Metall GmbH und anderer Träger. Oder sollen wir in Deutschland den meisten anderen Ländern in der EU folgen und das duale System ganz aufgeben und im Wechsel von betrieblicher Arbeit und außerbetrieblichen Ausbildungskursen mit entsprechenden Zertifikaten ausbilden? Fallen damit nicht die allgemeinbildenden Fächer weg oder werden sie derart berufsbezogen funktionalisiert – im Zuge der Funktionalisierung der gesamten Gesellschaft –, dass Bildung im Sinne von solchen Wahrnehmungen und Erfahrungen, die ein eigenständiges Leben in Beziehungen mit anderen und anderem ausmachen, nicht mehr möglich ist?[66] Die Gefahr, dass Industrie, Handel, Handwerk, Dienstleistung, also die Vertreter und Vertreterinnen des Produktions- und Wirtschaftssystems, die Ausbildungsgänge rein berufsbezogen gestalten möchten, zeigt sich in den Diskussionen um Notwendigkeit oder Abschaffung allgemeinbildender Fächer. Zugleich haben Untersuchungen gezeigt, dass diese Fächer und im besonderen neben Religionsunterricht die musischen Fächer wie Musik und Kunst die Wahrnehmungs- und Kommunikationsfähigkeiten und -möglichkeiten, das Selbständigwerden und die Fähigkeit zur Selbstdarstellung, die Fähigkeit emotionaler Zugänge zur Wirklichkeit und des gestalterischen Umgangs mit Wirklichkeit bei (Kindern und) Jugendlichen fördern. Es ist eben eine grundsätzliche Anfrage an uns und unsere Gesellschaft, was wir unter Bildung verstehen und welche Perspektiven und Inhalte der Ausbildung wir dann entsprechend in Betrieb, Schule, Hochschule usw. initiieren und organisieren möchten.

---

[64] V. Spies: Bildung in der Informationsgesellschaft, a.a.O., S. 18.
[65] Aus einer Grafik des Bundesinstitutes für Berufsbildung (BIBB/2000) geht hervor, dass 51% von 232 Befragten Ausbildungsbetrieben ihren Lehrlingen (Auszubildenden) „Passgenauere Ausbildung gemäß betrieblichem Bedarf" machen, 47% zur Gewinnung leistungsstarker Auszubildender; 28% halten dies für kostengünstiger als eine spätere Weiterbildung, 23% möchten dadurch leistungsstarke Auszubildende an den Betrieb binden; nur 14% halten die bestehende Ausbildungsordnung nicht mehr für bedarfsgerecht und 4% geben an, dass es keinen wirklich passenden Ausbildungsberuf für ihren Betrieb gebe.
[66] Vgl. K.-H. Dammer: Bildung im Medium des Berufs; R. Bader: Berufliche Handlungskompetenz und ihre didaktischen Implikationen; H. Heid: Erziehung zur Verantwortungsbereitschaft. Ideologiekritische Analyse; A. Orthey; K.H. Geißler: Das Duale System; A. Kell: Ausbildungsordnungen als Rahmen für die nichtakademische Berufsausbildung; B. Sellin: Europäische Berufsbildung, in: Comeniusinstitut u.a. (Hrsg): Handbuch: Religionsunterricht an berufsbildenden Schulen. Gütersloh 1997, S. 61-108, jeweils mit Literatur.

In einem Gespräch sagte Hubertus Christ vom Ingenieurverband VDI, dass naturwissenschaftliche, technologisch-ingenieurwissenschaftliche Grundlagen in Zukunft unverzichtbar seien, dass aber Dienstleistungen an Bedeutung gewönnen. Deswegen werden Teamfähigkeit, Kommunikationsfähigkeit, soziale Kompetenz immer wichtiger. „Da Wissen schnell veraltet, sollte nur noch exemplarisch gelehrt werden. Die Fähigkeit zu systematischem und vernetztem Denken und Handeln wird ebenfalls immer wichtiger", verbunden mit Qualifikationen, die mit dem europäischen Zusammenschluß und der weltweiten Globalisierung erforderlich werden. Dies gelte für Führungskräfte und die in Produktion und Dienstleistung stehenden Arbeitnehmer gleichermaßen, so dass auch die Berufsausbildung überprüft werden müsse.[67]

4.4 Bildung ist Beweglichkeit

Die Diskussion um Bildung und Ausbildung läßt sich durch den Verweis auf Alleinansprüche von Produktion und Wirtschaft und auf drohende Arbeitsplatzverluste hoffentlich nicht unterdrücken. Institutionen wie Kirchen, Gewerkschaften, Politiker und Politikerinnen können hier Aufklärungs- und Diskussionsarbeit leisten. Freilich: Das Experiment, das schon immer vorgegebene Leben auch als eigenes Leben im Zusammenleben mit anderen zu führen, läßt sich nicht direkt, gleichsam von vorne durch Demonstration vermitteln. Eine entsprechende Didaktik wird sich in Erinnerung an solche Erfahrungen und Wahrnehmungen relativ verstehen im Blick auf die Jugendlichen und deren Bedürfnisse und eben nicht von (durch wen auch immer) vorgegebenen Inhalten ausgehen. Auch die berufsbezogenen Inhalte, Curricula, Anforderungen können nur sinnvoll sein im Rahmen eines persönlich gelebten und gesellschaftlich verantworteten Bildes von Menschsein und Lebensqualität, so dass wirtschaftlich, gesellschaftlich und politisch reklamierte Notwendigkeiten wie Wirtschaftswachstum, Wissenschaftsfortschritt, Verkehrsausbau usw. und die darauf bezogenen Ausbildungsgänge, Berufe, Arbeitsplätze keinen Wert "an sich" haben, sondern als Bedingungen menschenwürdigen Lebens und Zusammenlebens zu diskutieren, umzuorganisieren, aufzugeben, neu zu installieren sind.[68] Deswegen gehört Demokratie zur Lebensqualität und entsprechend zur Bildung und Ausbildung. Das "Andere" von Wissenschaft, Technik, Planung, Vernetzung, Ausbildung melden Ju-

---

[67] DIE ZEIT Nr. 8 (15. Februar 2001), S. XIV.
[68] Vgl. J. Masscheleine: Pädagogisches Handeln und Verantwortung. Erziehung als Antwort, in: K. Meyer-Drawe; H. Peukert; J. Ruhloff (Hrsg.): Pädagogik und Ethik. Beiträge zu einer zweiten Reflexion. 2. Aufl. Weinheim 1996, S. 81-103, mit weiterer Literatur.

gendliche immer wieder an in ihrem zuweilen auch kritischen Umgang mit der (post-) modernen Gesellschaft und in ihrem öfter artikulierten Unbehagen an der (Post-) Moderne.[69]

Wird Bildung als eine Art Beweglichkeit bestimmt[70], dann gehören Demokratisierungsprozesse, Selbstbestimmungs- und Kritikfähigkeit zu solcher Bildung zweifellos hinzu. Didaktisch geht es dann z.b. um die Förderung "selbstbestimmten Lernens"[71] und sinnlich-körperlichen Wahrnehmens[72], wie es manche Unternehmen schon praktizieren. Entsprechend sind Wahrnehmen-Können, Herstellen von Beziehungen verschiedener Art, Transferleistungen ebenso Schlüsselqualifikationen wie die "reine" Fachkompetenz. Damit verschärft sich aber das bereits angesprochene Grundproblem der dualen Berufsausbildung: solide Ausbildung mit Allgemeinbildung einerseits oder Patchwork-Erwerbsbiographie mit Anlernzeiten andererseits? Im dualen System wird eine qualifizierte Ausgangsbasis vermittelt für den Einstieg in das vielfältig gewordene Erwerbsleben; 360 anerkannte Ausbildungsgänge qualifizieren für 30.000 verschiedene Berufsausübungen. Ist der Beruf noch das Modell für berufliches Lernen? Hat sich der total disponible Arbeitnehmer nicht stets ad hoc neu und kurzfristig für „Projekte" zu qualifizieren, also eine Qualifikations-Collage zu fabrizieren (K.H. Geißler)? Diesen Trend verstärken Maßnahmen wie die Kreierung von 100 neuen Ausbildungsberufen durch die Handelskammer Hamburg im Herbst 2000, z.B. mit einem Jahr Ausbildungsdauer zum Kurierfahrer, zur Platzaufsicht, zur Servicekraft für Sanitäreinrichtungen als sogen. "Einsteigeberufe", oder mit zweijähriger Ausbil-

---

[69] Vgl. G. Gamm: Die Unausdeutbarkeit des Selbst. Über die normative Kraft des Unbestimmten in der Moralphilosophie der Gegenwart, in : W. Luutz (Hrsg.): Das "Andere" der Kommunikation. Theorien der Kommunikation. Leipzig 1997; H.-J. Höhn: Zukunftsfähigkeit. Religion an den Grenzen der Moderne, in: Handbuch: Religionsunterricht an berufsbildenden Schulen, a.a.O., S. 110-123; U. Gerber: "Der neue Mensch - ein Erfordernis", in: C. Fischborn (Hrsg.): Ethische Fragen und Forderungen an die Soziale Marktwirtschaft. Erasmus-Kittler-Schule (Berufsschule), Darmstadt 1995, S. 109-112 bzw. Darmstädter Echo vom 6. April 1996; ders.: Die Wissenschaft und das Andere, in: Die Welt denken? Historiker/innenblätter der Universität Basel. Wintersemester 1997/98, S. 15f; Böhme, H.; Böhme, G.: Das Andere der Vernunft. Zur Entwicklung von Rationalitätsstrukturen am Beispiel Kants. Frankfurt/M. 1983.

[70] J. Rützel: Subjektorientierte Didaktik in Berufsbildung, in: D. Zilleßen (Hrsg.): Religion, Politik, Kultur. Diskussionen im religionspädagogischen Kontext. Uwe Gerber zum 60. Geburtstag. Münster 2001, S. 177-191; Chr. Scheilke: Zuversicht und Beteiligung. Der Beitrag religiöser Erziehung zur öffentlichen Bildung in der Zivilgesellschaft, in: D. Zilleßen (Hrsg.): Religion, Politik, Kultur, a.a.O., S. 159-168.

[71] P. Faulstich; D. Gnahs; S. Seidel; M. Bayer (Hrsg.): Handbuch Selbstbestimmtes Lernen. März 2001 (zu bestellen bei: GEW-Hauptvorstand, Organisationsbereich Berufliche Bildung und Weiterbildung, Frankfurt/M.); R. Sennet: Der flexible Mensch. Die Kultur des neuen Kapitalismus. Berlin 1998.

[72] H.G. Bauer; F. Böhle; M. Brater; C. Munz; S. Pfeiffer; T. Woicke: Zwischenbericht des Modellversuchs "Ausbildung der Kompetenzen für Erfahrungsgeleitetes Arbeiten in der chemischen Industrie" (zu beziehen über Wacker-Chemie); G. Birk: Religionspädagogen im Gespräch mit Peter Woicke, Projektleiter eines Modellversuchs in der chemischen Industrie über "Erfahrungswissen" in der Ausbildung, in: G. Birk; U. Gerber (Hrsg.): Wahrnehmen – mitteilen – teilnehmen: Humane Grundlagen der Berufsbildung. Hochschultage Berufliche Bildung 1998. Neusäß 1999, S. 11-18.

dung zum Fachverkäufer für Naturkost, zu Automatenkaufleuten für Spielhallen u.a.m. Fällt dabei nicht die Vermittlung von Schlüsselqualifikationen aus, die gerade für lebenslange Fort- und Weiterbildung gleichsam als Basis notwendig sind? Berufspolitik gerät hier an einen Scheideweg: Genügt für einen Teil der jüngeren Generation eine kurze Jobqualifizierung für den Einstieg in ein wie auch immer geartetes Arbeitsfeld und damit in die Patchwork-Biographie oder bietet das duale Ausbildungsmodell gerade Chancen für alle als "solide Basis"? Zurecht formuliert der Generalsekretär des Bundesinstituts für Berufsbildung, Helmut Pütz: „Neue Formen der Differenzierung von Ausbildungsberufen entstehen, die den Betrieben eine flexiblere Ausbildung ermöglichen und den Lernenden ein größeres Maß an Individualisierung und beruflicher Flexibilität eröffnen, ohne die Qualitätsstandards eines Ausbildungsberufes aufzugeben." Hier wird klar für das Prinzip "Beruf" Stellung bezogen gegen die "Patchwork-Qualifizierung". Die Frage ist aber, ob nicht die oben geschilderten Entwicklungen in unserer Informationsgesellschaft die Alternative zugunsten der Patchwork-Erwerbs-biographie auflösen werden? Wenn nicht mehr Arbeit, sondern Wissen zur Quelle gesellschaftlichen Reichtums wird, wird sich dann nicht das Erwerbsleben noch viel stärker verändern als wir bisher angenommen haben, und entsprechend werden sich Ausbildung, Fort- und Weiterbildung ändern.[73]

In der Tat: Die soziale Funktion des Wissens – zugänglich durch das Bildungssystem – hat sich durch die Informationstechnologie verändert sowohl in der Art der Produktion als auch in der gesamtgesellschaftlichen Kommunikationsweise und im individuellen Bewußtsein, so dass sich die Frage ständig verschärft, ob wir Menschen-Bildung betreiben möchten oder Qualifikation für die New Economy?[74] Stellen wir einfach Arbeitsplätze zur Verfügung für immer weniger „glückliche Malocher", die fast 2 Milliarden Überstunden machen und damit etwa eine halbe Million Arbeitsloser außen vor lassen können, oder begleiten wir Jugendliche – schulisch, betrieblich, überbetrieblich, in den Lernortkooperationen –, da viele allein schon durch die zeitlichen Regelungen des Arbeitslebens, durch Arbeitszeit-, Freizeit-Planungen, im Blick auf zwischenmenschliche Beziehungen, Kommunikation und Teamwork am Arbeitsplatz überfordert sind. Deutlich ist dabei, dass die Berufslaufbahn nicht mehr aufgrund der Abschlusszertifikate (Zeugnisse) beginnt, sondern dass die Unternehmen über Arbeitsplatz und Arbeitsplatzkarriere entscheiden – eine für Jugendliche fast

---

[73] Vgl. A. Orthey; K.H. Geißler: Das Duale System; K.-H. Dammer: Bildung im Medium des Berufs, in: Handbuch Religionsunterricht an berufsbildenden Schulen, a.a.O., S. 86ff. bzw. 62 ff., jeweils mit weiterer Literatur.
[74] Vgl. V. Spies: Bildung in der Informationsgesellschaft, a.a.O., S. 12.

unerträgliche Paradoxie: Bildungsabschlüsse sind notwendige Startbedingung und werden zugleich abgewertet. Und der wohl schlechteste Ausweg sind die steigenden Zahlen in Vollzeitschulen, Fachhochschulen und Universitäten;[75] angemessener wäre eine curriculare Weiterentwicklung und Differenzierung der Berufsausbildung im dualen System, wie es auch z.b. vom BIBB eingefordert wird. Devisen wie „jeder ist sein eigener Unternehmer", Postulate von Selbststeuerung und Eigenverantwortung, die Option nach lebenslangen Lernen und Weiterbildung sind so lange schlichtweg falsche Versprechungen und machen ein von den Jugendlichen selbst geführtes Leben gerade unmöglich als nicht gleichzeitig die damit gemeinte "Beweglichkeit" als Anpassungsflexibilität entschleunigt wird und die Jugendlichen in dem ständigen Entscheidungszwang, in dem allgemeinen Überforderungssyndrom einer "Multioptionalität", in ihren Anpassungsleistungen für dieses (scheinbar) stimmige "System" der völligen "Verzweckung" so begleitet werden, dass sie selbst zu Wort kommen können. Bildung geschieht als Beweglichkeit in demokratischen Partizipations- und Kommunikationsbedingungen. Oder soll die Schülerorientierung in der Bildung nur darin bestehen, dass die von anderen Seiten – den Sozialpartnern einschließlich Staat – vorgegebenen Inhalte mit differenzierten Methoden an Frau und Mann gebracht werden müssen? Dass von einem unfruchtbar-konfrontativen Entweder-Oder wegzukommen ist, artikuliert neben Vertretern und Vertreterinnen der Sozialpartner z.B. R. Bader, wenn er „Persönlichkeitsentwicklung im Sinne von Bildung mit Qualifizierung für den Arbeitsmarkt zu verbinden" als ein Ziel anstrebt – „eine der zentralen Herausforderungen" der berufsbildenden Schulen in den nächsten Jahren.[76]

4.1 Und wer sich falsch bewegt?

Derzeit setzen alle „New-Economysten" bei Bildung auf deren Verwertbarkeit für einen Arbeitsbereich statt Bildung als einen „in sich" wertvollen Prozess der Selbst-Bewegung (durch den Anderen) gelten zu lassen. Nutzwert und „Computer für alle" sind die Motive für Bildung, die dadurch auf Ausbildung reduziert wird. Es geht nur noch um Anwendungswissen, und dies in Form von Verfahrensweisen: der Computer als Bildungsmacher. Computer, Handy, Video usw. sind sicherlich Geräte, mit denen wir Kommunikation erleichtern können, z.B. per E-Mail. Nur wird dabei nicht

[75] Vgl. R. Geißler: Mehr Bildungschancen, aber weniger Bildungsgerechtigkeit – ein Paradox der Bildungsexpansion, in: M. Neumann-Schönwetter; A. Renner; C. Winter: Anpassen und Untergehen. Beiträge zur Hochschulpolitik. Marburg 1999.
[76] R. Bader: Berufliche Handlungskompetenz und ihre didaktischen Implikationen, in: Handbuch, a.a.O., S. 79.

gesehen, dass diese Kommunikations-Technologien gerade nicht kommunikations-fähig machen, da die kontingenten, sinnlich-körperlich ausgedrückten Inhalte nicht ersetzbar sind. Eine Internet-Information zu haben, heißt noch lange nicht damit um-gehen zu können, sie in das eigene Leben integrieren und in verschiedenen Situatio-nen transformieren zu können. Informations- und Kommunikationstechnologien sind sinnvoll, wenn sie eingebettet sind in Bildung als Fähigkeit selbständigen Wahrneh-mens, Fühlens, Denkens, Handelns. Wer sich ausschließlich „technisch" bewegt, beschleunigt die Selbstvernichtung durch Anpassung, ganz im Trend der Dauerinno-vation, der fortschreitenden Technisierug und der permanenten Aufrüstung der Hardware.[77]

5. Religion zwischen Beweglichkeit und Sinngebung

5.1 Wie steht es mit dem Berufsschulreligionsunterricht (BRU)?

Im Jahr 2000 besuchten 2,6 Millionen Jugendliche berufsbildende Schulen, also etwa 70 % der Jugendlichen durchlaufen das berufliche Bildungswesen, davon 40% die Teilzeitschulen;[78] die Zahl wird bis 2008 noch leicht zunehmen.[79] Etwa zwei Drittel eines Altersjahrgangs in weiterführenden Schulen – bezogen auf die 19-Jährigen – schließt eine Ausbildung im dualen System ab.[80] Die Schüler-Zahl an den Vollzeit-schulformen steigt derzeit auf Kosten der Teilzeitschulformen.[81] Dass von der "Schu-le der vergessenen Majorität" gesprochen wird, läßt sich nicht zuletzt an dem Ver-sorgungskontingent bzw. den Ausfallziffern des BRU gegenüber Religionsunterricht an Gymnasien verdeutlichen, nämlich in Teilzeitschulen z.B. in Hessen im Schuljahr

---

[77] Ein auf anderer Ebene liegendes Beispiel hat S. Gaschke vorgestellt: Die neuen Lehrer. Lerncomputer für die Kleinen, Tretroller für die Eltern: Statt zu spielen, sollen Kinder sich heute fit machen fürs Berufsleben. Die Erwachsenen werden derweil immer infantiler. Eine kleine Soziologie des Spielzeugmarktes, in: DIE ZEIT 51 (14. Dezember 2000), S. 10f.

[78] Gemäß Angaben der Kultusministerkonferenz (per Internet).

[79] Kultusministerin Renate Jürgens Pieper, Hannover, hatte in ihrem Vortrag „Wirtschaft und Gesellschaft im Wandel – Herausforderungen für die berufsbildenden Schulen „anläßlich des Symposions zum zukünftigen Auf-trag der Beruflichen Bildung am 1. März 2001 in Hannover auf diesen Trend hingewiesen. Der Obertitel dieser Veranstaltung hieß (fatalerweise) „Vorbereitung auf das Leben".

[80] Vgl. S. Liesering; K. Schober; M. Tessaring (Hrsg.): Die Zukunft der dualen Berufsausbildung. Eine Fachta-gung der Bundesanstalt für Arbeit. Nürnberg 1994.

[81] Th. Klie: Religionsunterricht in der Berufsschule: Verheißung vergegenwärtigen. Eine didaktisch-theologische Grundlegung. Leipzig 2000, S. 23ff., bes. S. 25 mit Anmerkung 9.

1998/99 etwa 75%. Teils sind keine Lehrkräfte vorhanden, teils wird von den 12 Wochenstunden bei den allgemeinbildenden Fächern zuerst gekürzt.[82]

Durchgeführt wird BRU faktisch im Klassenverband, also ökumenisch bzw. interreligiös, als Sozialethik (etwa in berufsbildenden Schulen in Darmstadt) oder als Lebenskunde in religiöser (christlicher) Perspektive.[83] Die Abmeldezahlen der Jugendlichen – und das Überwechseln in das Ersatzfach Ethik, wenn dieses überhaupt angeboten wird – sind gering.[84] Allgemein kann die Akzeptanz des BRU als ein wenig interessiertes Hinnehmen seitens der Schülerinnen und Schüler bezeichnet werden, bisweilen erfreulicherweise verbunden mit dem Interesse an Diskussionen über sie betreffende und von ihnen aufgeworfene Fragen.[85] Was würde den Schülern und Schülerinnen fehlen, wenn es keinen BRU mehr gäbe? Die Antworten darauf lauten von einem mehrheitlichen "macht nichts" über den meist unausgesprochenen Wunsch einer nicht geringen Anzahl nach "Schonraum" (Entlastung von Leistungsdruck, Kompensation) bis zum seltenen Wunsch, die grundsätzlichen Fragen nach dem Sinn des Lebens, der Gesellschaft, des Ganzen zu erörtern, auch explizit verbunden mit Fragen nach Lehren und Meinungen der Kirchen, Konfessionen, Religionen (wobei hier deutliche Unterschiede zwischen Angehörigen verschiedener Konfessionen, des Islam, und den bewußt anders- und nichtreligiösen Jugendlichen bestehen).[86]

Eine Rolle spielt auch die relativ niedrige Einschätzung der Lehrer und Lehrerinnen als Vertrauenspersonen (wie *Der Spiegel* erhoben hat). Und die Außenseiterrolle des BRU gegenüber den anderen (auch allgemeinbildenden) Fächern gibt diesem einen Touch des Nicht-Verpflichtenden, Vernachlässigbaren, ohne Leistungsanstrengung Mitzumachenden. In den Kollegien findet sich meistens die Bandbreite von Kooperation (aufgrund von ethischen und religiösen Implikationen und von Wert- und Glaubensfragen in anderen Fächern) über Wohlwollen und Indifferenz bis zu offener Ablehnung aus verschiedensten Gründen (z.B. zugunsten berufsbezogener Fächer, aus schulpolitischen, weltanschaulichen Gründen u.a.). Die angelaufene Diskussion

---

[82] A. Bucher: Religionsunterricht zwischen Lernfach und Lebenshilfe. Eine empirische Untersuchung zum katholischen Religionsunterricht in der Bundesrepublik Deutschland. 2. Aufl. Stuttgart 2000, S. 107ff.; S. 139 und S. 146 zum BRU, wobei m.E. zu einseitig vom Konzept konfessionellen Religionsunterrichtes ausgegangen wird.

[83] Vgl. H. Lindenlauf: Konfessioneller, überkonfessioneller und interreligiöser BRU, in: Handbuch, a.a.O., S. 188-191.

[84] Vgl. P. Cleiß: Das Fach Ethik an berufsbildenden Schulen, in: Handbuch, a.a.O., S. 226ff.

[85] Vgl. G. Birk: Akzeptanz des BRU, in: Handbuch, a.a.O., S. 35ff.; A. Bucher: Religionsunterricht zwischen Lernfach und Lebenshilfe, a.a.O., S. 108ff., 145ff.; A. Bucher; F. Oser: Religion und Religiosität Jugendlicher und junger Erwachsener, in: Handbuch, a.a.O., S. 47-53.

um Lernfelder und über die damit verbundenen Praxisversuche wird sich auch auf diese Problemstellungen auswirken, geht es doch um einen wie auch immer eigenständigen fächerübergreifenden, fächerintegrierten BRU. Wird es gelingen, einen BRU zugleich als schulorganisatorisch selbstständiges Fach und als integratives, fächerübergreifendes, im jeweiligen Lernfeld bis zum Aufgehen arbeitendes Angebot zu haben?

5.2 Soll der BRU erhalten bleiben?

Schüler und Schülerinnen würden sich aus den in 5.1 genannten Gründen mehrheitlich dagegen entscheiden. Staatlicherseits wird der BRU aufgrund Artikel 7,3 unseres Grundgesetzes im gesetzlich vorgeschriebenen Rahmen als ordentliches Lehrfach gewährleistet (mit den Ausnahmen Bremen, Berlin und dem Sonderstatus in Brandenburg).[87] In den neuen Bundesländern gibt es nicht in allen Ländern und dann auch nur zum Teil und nicht flächendeckend BRU.[88] In den alten Bundesländern haben sich z.B. die tragenden Parteien für BRU ausgesprochen. Vertreter und Vertreterinnen von Wirtschaft, Industrie, Handwerk, Dienstleistung, Unternehmerverbänden usw. einerseits und Gewerkschaften andererseits stehen mehrheitlich positiv und fördernd zum BRU. Sie alle verbinden damit meistens Sinngebung und Moralerziehung, so dass sie Gefahr besteht, dass BRU moralisiert und auch „kognitiviert" wird durch die angemahnte Vermittlung gewünschter Tugenden, Ansichten, Haltungen, Sinndeutungen. Und die meisten bedenken nur selten – und kirchlicherseits ist man froh darüber, weil es sonst Verunsicherung, Unruhe, unerwünschte Kritik geben könnte –, dass Religion und Moral zwei Lebensdimensionen sind, die zwar aufeinander bezogen sind, nicht aber ineinander aufgehen.[89] Für Lehrer und Lehrerinnen bedeutet dies: „Die BS ist im dualen System auf eine doppelte Gratwanderung angewiesen: sie darf durch ihre moralpädagogischen Anforderungen weder die subjektiven moralischen Fähigkeiten ihrer Schüler und Schülerinnen überfordern noch Bedingungen moralischen Lernens herstellen, die den betrieblichen Bedingungen all zu

---

[86] Vgl. katholischerseits bei A. Bucher: Religionsunterricht zwischen Lernfach und Lebenshilfe, a.a.O., S. 121.
[87] Vgl. J. Lott: Wie hast Du's mit der Religion? Gütersloh 1998, S. 19-82; Handbuch: D. Boge; N. Weidinger: BRU als ordentliches Lehrfach, a.a.O., S. 179ff.; H. Lindenlauf: konfessioneller, überkonfessioneller und interreligiöser BRU, a.a.O., S. 188f.; P. Schreiner: BRU in Europa, a.a.O., S. 192ff.; P. Cleiß: Das Fach Ethik an berufsbildenden Schulen, a.a.O., S. 2226ff.
[88] R. Biewald: Religionsunterricht an berufsbildenden Schulen – Neue Bundesländer, in: U. Gerber (Hrsg.): Berufsbezogenheit und Lernortkooperation im Religionsunterricht der Berufsschule. Bielefeld 2000, S. 43ff.
[89] Vgl. G. Adam; F. Schweitzer (Hrsg.): Ethisch erziehen in der Schule. Göttingen 1996; A. Biesinger; J. Hänle (Hrsg.): Gott – mehr als Ethik. Der Streit um LER und Religionsunterricht. Freiburg 1997; W. Weiße (Hrsg.):

sehr kontrastieren. Ebenso wenig darf sie die bereits entwickelten Orientierungen der Auszubildenden sowie die betrieblichen Einflüsse lediglich reproduzieren. Deshalb müssen sich Lehrpersonen der BBS als 'moralische Grenzgänger' bewähren."[90] Dieselbe Erfahrung gilt für den BRU.

5.3 Einige Begründungsmuster für den BRU

Zusammen mit der rechtlichen Begründung des BRU durch Art. 7,3 GG werden andere Gründe zur Beibehaltung bzw. Ablehnung angeführt:

- BRU sei unnötig, weil die Jugendlichen Religionsunterricht bereits hatten oder ihrerseits kirchliche Angebote wahrnehmen können, weil Religionsunterricht in der öffentlichen Schule deplaziert sei, weil BRU ideologisiere und nicht so etwas wie neutrale Religionskunde (z.B. Bremen) liefere, weil BRU letztlich nur kompensatorische Funktion erfülle, weil er keine Leistungsnachweise erfordere u.a.m. Bei den Schülern und Schülerinnen zeigt sich immer wieder, dass sie weniger "ideologisch" als vielmehr personenorientiert urteilen, also aufgrund ihrer Einschätzung der jeweiligen Lehrerin und des Lehrers. "Kann" er oder sie mit ihnen (und umgekehrt), d.h. trifft die Religionslehrerin oder der Religionslehrer die Mentalität der Schüler und Schülerinnen, dann wird auch der BRU graduell positiv beurteilt. Nur wenige Schüler und Schülerinnen urteilen im Blick auf Inhalte und/oder Didaktik.

Umgekehrt werden positive Gründe angeführt, die sich durch wiederkehrende "Modelle" beschreiben lassen, deren wichtigste hier exemplarisch aufgeführt werden:

- *Eine traditions- und kulturgeschichtliche Begründung:* Da die christliche Religion in Verbindung mit den beiden anderen abrahamitischen Religionen des Judentums und des Islam als prägende Tradition zu unserem gesellschaftlich-kulturellen Kontext gehört, ist eine Beschäftigung mit ihr im BRU notwendig. So werden z.B. in Frankreich neuerdings weltanschaulich neutral erstellte Reader christlicher Begriffe, Symbole, Vorstellungen und Lehren im Sinne von Informationen nachgefragt und angeboten, die zum Verstehen der eigenen Kultur und Gesellschaft notwendig sind. Besonders im Literatur- und Geschichtsunterricht seien solche Nachfragen verständlicherweise häufig. Und in der Bundesrepublik stellt

---

Vom Monolog zum Dialog. Ansätze einer interkulturellen, dialogischen Religionspädagogik. Münster/ New York 1996, S. 163ff.
[90] W. Lempert: Moralentwicklung bei Jugendlichen und jungen Erwachsenen, in: Handbuch, a.a.O., S. 58.

sich dieses Problem nicht nur, aber deutlich für die ostdeutschen Jugendlichen und für diejenigen westdeutschen Schülerinnen und Schüler, die den "Traditions-abbruch" von klein auf, etwa in der Familie, erlebt haben und erleben. Nachhilfe-unterricht in christlicher Religion?

- *Eine liberalistisch-reduktionistische Begründung*: Da unsere Gesellschaft eines Mindestkonsenses und damit einer Mindestration an Sinn und Moral bedarf, muß den Schülern und Schülerinnen permanent und somit auch in der berufsbildenden Schule die Möglichkeit geboten werden, entsprechendes "Orientierungswissen" zu erhalten. "Liberalistisch" wird diese Anschauung deswegen genannt, weil sie von der Chancengleichheit aller Jugendlichen ausgeht und von ihnen dann Leis-tung abfordert, die mit entsprechenden Karrieren belohnt werde. Eine solche Leistung ist dann eben auch die Internalisierung vorgegebener Ressourcen an Sinn und Moral, an Orientierung und Werten, an Wissen und Tugenden. Religion hat – mit N. Luhmann – die Funktion der Reduktion von Komplexität, nämlich die Gesellschaft überschaubar zu machen und "Sinn" gewissermaßen in kleinen Do-sierungen zu liefern. (Aber: Der Reichtum liegt nicht in der Überschaubarkeit des Lebens, sondern in seiner unbeherrschbaren Qualität, seiner Ereignishaftigkeit.)[91]
  Dieses Modell wird von denjenigen präferiert, die Religion mit einer solchen Orientierung am Vorgegebenen gleichsetzen, die in sich "liberalistisch" Karriere-möglichkeiten aufgrund von Chancengleichheit enthält im Sinne von Anpassungs-leistungen. (Meinen Erfahrungen und Beobachtungen nach wird dieses moralisie-rende, bewußtseinstheologische Modell speziell in den berufsbildenden Schulen von einer deutlichen Mehrheit vorgezogen, weil es auf Überschaubarkeit, Über-sichtlichkeit, Ordnung, Anpassung, Beurteilung, Berechenbarkeit, schlicht auf das "Machbare" setzt, dem z.B. K. Barth den "ganz anderen Gott" entzogen hatte.)
- *Eine politisch-theologische Begründung*: BRU trägt durch die Entwicklung von Kritikfähigkeit und kritischer Selbstbestimmung, von Sensibilisierung für Unterdrü-ckung und Verletzbarkeit zur Förderung von Emanzipation, Demokratisierung, To-leranz, Solidarität bei. Entsprechend wird z.B. "Sünde" nach „dem Absterben der religiös-unmittelbaren Beziehung zu Gott" nicht mehr spezialistisch-religiös erfah-ren und thematisiert etwa als Mangel an Gottesliebe oder Auflehnung gegen den

---

[91] D. Zilleßen: Religion, Kultur, Ethik: Eine Politik schwieriger Beziehungen, in: ders. (Hrsg.): Religion, Politik, Kultur, a.a.O., S. 28; B. Beuscher; D. Zilleßen: Religion und Profanität. Entwurf einer profanen Religionspäda-gogik. Weinheim 1998, S. 122f.; N. Luhmann: Die Religion der Gesellschaft. Hrsg. A. Kieserling. Frankfurt/M.

Herr-Gott, sondern "weltlich-politisch": „Nicht der entweihte Tempel oder die leer gewordenen Kirchen klagen uns an, sondern der Zustand unserer Welt."[92] Und entsprechend bestimmt D. Sölle Gnade und Glauben als „Parteilichkeit für Frauen, für die Benachteiligten [...], als Anwalt der Armen, der Unterdrückten, der Frauen."[93] BRU wird praktiziert und verstanden als Sensibilisierung für unsere privatisierten wie öffentlichen Beziehungen, die im weitesten Sinne eben als "Politik" bezeichnet werden können. BRU betreibt Gesellschafts-, Macht- und Unterdrückungs-Kritik. Und BRU sensibilisiert durch Perspektivenwechsel im Wahrnehmen für eine andere Gerechtigkeit. (Dieses "Modell" eines BRU wird in diesem Zuschnitt von einer kleinen Gruppe der Unterrichtenden wie der Schülerinnen und Schüler vertreten; aber das Eintreten für die "andere Gerechtigkeit" wird wiederum von der Mehrzahl der Schüler und Schülerinnen mitvertreten.)[94]

- *Eine eher therapeutische Begründung:* Angesichts der voranschreitenden Fragmentierungen der Biographien der Jugendlichen zu Patchwork-Biographien rücken Fragen der Sozialisation gerade auch im BRU in den Vordergrund. Hatte schon D. Stoodt diese Funktion des BRU in emanzipatorischer Hinsicht eingefordert, so wächst dem BRU heute verstärkt die Aufgabe zu, dass Jugendliche den Spagat der Pluralisierung ihres Lebens einerseits und andererseits der Notwen-

---

2000; E. Feil (Hrsg.): Streitfall "Religion". Diskussionen zur Bestimmung und Abgrenzung des Religionsbegriffs. Münster/Hamburg/London 2000.

[92] D. Sölle: Politische Theologie. Stuttgart 1982, S. 95; vgl. J. B. Metz: Jenseits bürgerlicher Religion. Reden über die Zukunft des Christentums. München/Mainz 1980; U. Gerber; H. Lang: Profile des BRU, in: Handbuch Religionsunterricht an berufsbildenden Schulen, a.a.O., S. 136-146 wo dieser emanzipatorische Ansatz des BRU unter dem problemorientierten BRU verhandelt wird; vgl. U. Geber: Welt gestalten in Erinnerung an das Lebensmodell Jesu. BRU im Spannungsfeld neuzeitlicher Industrie- und Risikogesellschaft, in: G. Birk; U. Gerber (Hrsg.): Schlüsselqualifikationen im theologischen Diskurs. Ergebnisse der Hochschultage berufliche Bildung 1990. Alsbach 1991, S. 70-80. Im Blick auf die gesellschaftlichen Veränderungen ist dieses Emanzipationskonzept vorhanden auch bei D. Zilleßen: Religion, Kultur, Ethik: Eine Politik schwieriger Beziehungen, in: ders. (Hrsg.): Religion, Politik, Kultur, a.a.O., S. 27ff.

[93] D. Sölle: Gott denken. Einführung in die Theologie. Stuttgart 1990, S. 100.

[94] In der SPIEGEL-Umfrage „Jugend der Jahrtausendwende. Die 99er" (Nr. 28 vom 12.07.1999) wird unter der Frage „Wogegen lohnt es sich zu kämpfen?" die "soziale Ungerechtigkeit" mit 90% genannt. Allerdings wird dann unter der Frage „Was ist für Sie das Wichtigste im Leben" die Gerechtigkeit nur mit 20% angegeben, was m.E. auf die Schere von subjektiver Erfahrung und objektiven Gesellschaftsgegebenheiten und auf die „Und"-Einstellung Jugendlicher hindeutet. Th. Klie (Religionsunterricht in der Berufsschule: Verheißung vergegenwärtigen, a.a.O., S. 11ff.) führt unter dem gesellschaftskritisch-emanzipatorischen Konzept die Arbeiten von J. Lott und U. Gerber (J. Lott: Wie hast du's mit der Religion? Das neue Schulfach "Lebensgestaltung – Ethik – Religionskunde" (LER) und die Werteerziehung in der Schule. Gütersloh 1998), unter der kulturpessimistischen Position die Arbeiten von R. Mokrosch, unter der affirmativ-vermittelnden Anschauung die korrelationsdidaktischen Versuche von R. Mayer auf. Weitere Übersichtsversuche bei U. Gerber: Berufsschul-Religionsunterricht. Ein Literatur- und Situationsbericht, in: Jahrbuch der Religionspädagogik (JRP 8). Neukirchen 1991, S. 213-232.

digkeit von Entscheidungen im Horizont einer Bastel-Biographie als Bastel-Identität vollziehen, einsehen, verändern lernen können und müssen.[95]

Eine Gefahr besteht hierbei, dass auf "biographische Lebensdeutungen" derart abgehoben wird, dass dadurch sowohl einer Politisierung der Religion/Religiosität als auch deren Moralisierung (durch Lehrer und Lehrerinnen wie Schüler und Schülerinnen) im Sinne des liberalistisch-reduktionistischen Modells Vorschub geleistet werden könnte.[96] In diesem Sinne wird die therapeutische Funktion oft von den betrieblicherseits beteiligten Institutionen gewünscht, während Schüler und Schülerinnen gerade auch den genannten Spagat mit ihren Worten und Bildern zu thematisieren versuchen.

Kristina Augst hat junge Frauen aus sozialen Unterschichten auf ihre Religiosität hin befragt: „Die von den Befragten selbst gewählten Sinnkonstitutionen wie z.B. das Vorbild der Mutter als starke Frau findet gesellschaftlich kaum Bestärkung oder Unterstützung. Die Lebensdeutung 'Das Leben meistern' wird oft kirchlicherseits als rein materielle Lebenssicht abgewertet. Dies alles führt dazu, dass es für die Befragten kaum Räume gibt, in denen sie ihre Ausdrucksformen entwickeln und ausprobieren können. Darum könnte und sollte z.B. der Religionsunterricht die Möglichkeit bieten, die (religiöse) Sprach- und Ausdrucksfähigkeit z.T. wiederzugewinnen und z.T. auf vorhandene Kompetenzen zurückzugreifen und diese auszubauen. Dabei geht es nicht nur um verbalisierte Ausdrucksformen, sondern um alle Aspekte menschlicher Kommunikation. Die Haupt- und BerufsschülerInnen sind allerdings nicht 'defizitäre' Wesen, die an das herrschende Ideal individualisierter Jugend herangeführt werden müssen. Sie besitzen, wie sich in den Interviews zeigt, viele Kompetenzen, ihr Leben zu gestalten. An diese Fähigkeiten anknüpfend gilt es, Ausdrucksformen für zentrale Lebenserfahrungen zu finden [...]. Der erste Schritt ist demnach, die Ausdrucksfähigkeit der Befragten zu fördern und zu unterstützen. Parallel dazu können religiöse/christliche Ausdrucksformen vorgestellt werden, die, wie oben am Beispiel womanistischer Theologie

---

[95] D. Stoodt: Arbeitsbuch zur Geschichte des Religionsunterrichts in Deutschland. Münster 1985. Die Konzepte der christlichen Lebenshilfe, Existenzerhellung, Problem-, Handlungs- und Beziehungsorientierung sind in dieses "Modell" je auf ihre Weise eingegangen (vgl. U. Geber; H. Lang: Profile des BRU, a.a.O., S. 138ff.). Dass das Ziel einer Identitätsbildung zur gesellschaftlichen Vernichtung unseres Selbstbewußtseins führt, hat Holdger Platta einleuchtend gezeigt: Identitäts-Ideen. Zur gesellschaftlichen Vernichtung unseres Selbstbewußtseins. Gießen 1998.
[96] U. Gerber: Religionsunterricht in Deutschland: Sekundarstufe II (Berufliche Schulen), in: N. Mette; F. Rickers (Hrsg.): Lexikon der Religionspädagogik. Bd. II. Neukirchen-Vluyn 2001, Sp. 1806-1813; ders.: Demokratie in: a.a.O., Band I, Sp. 307-313; ders.: Berufsschulreligionsunterricht: Kultur des „Verhaltens zum Unverfügbaren",

gezeigt wurde, Lebenserfahrungen und -deutungsmuster von christlicher Seite aufgreifen und interpretieren. Dieses Konzept hat zur Folge, dass weniger die unterschiedlichen Glaubensentwicklungsstufen berücksichtigt werden, als mehr der Versuch unternommen wird, Lebenserfahrungen und -themen anzusprechen und dafür Ausdrucksmöglichkeiten zu finden. Dies trägt dem Umstand Rechnung, dass viele Jugendlichen z.B. auch dieses Samples als mehr oder weniger areligiös zu bezeichnen sind."[97]

- *Eine ästhetische Begründung:* Wurde in den meisten der genannten Begründungsmodelle der Bezug zu Tradition und Bibel mehr und mehr unwichtig[98] – was im protestantischen Bereich noch deutlicher ist als im römisch-katholischen Umfeld –, so wird neuerdings mit einem phänomenologischen Ansatz verstärkt versucht, Tradition/Bibel und "Selbstinszenierung" als zwei Dimensionen "profaner Religiosität" zu reformulieren.[99] Henning Luther hatte 1992 die "Kontingenzbewältigung" im liberalistisch-reduktionistischen Sinne abgelehnt: „Religion ist [...] im Kern gerade nicht Sinnstiftung oder Bewältigung von Kontingenz. Religion bewahrt vielmehr die Zerrissenheit, aus der sie lebt [...]. Nicht-religiöse Fragen beziehen sich auf etwas in der Welt. [...] Religiöse Fragen beziehen sich nicht auf etwas in der Welt, sondern auf die Welt selbst. In ihnen ist nicht das einzelne in der Welt fraglich, sondern die Welt selber und das In-der-Welt-Sein sind hier fraglich. Bei nicht-religiösen Fragen wird die fraglose Selbstverständlichkeit der Welt (und der Lebenswelt) vorausgesetzt. Religiöse Fragen dagegen gehen auf Distanz zur Welt insgesamt."[100] Religion ist also der Ort, wo die Brüchigkeit und Widersprüchlichkeit des Lebens ihren Platz hat, so dass der BRU die kritischen Er-

---

in: Th. Schreijäck (Hrsg.): Christwerden im Kulturwandel. Analysen, Themen und Optionen für Religionspädagogik und praktische Theologie. Ein Handbuch. Freiburg 2001, S. 525-546.
[97] K. Augst: Religion in der Lebenswelt junger Frauen aus sozialen Unterschichten. Stuttgart 2000, S. 302.
[98] Ein kritischer Versuch findet sich bei U. Gerber: Welt gestalten in Erinnerung an das Lebensmodell Jesu. BRU im Spannungsfeld neuzeitlicher Industrie- und Risikogesellschaft, in: G. Birk; U. Gerber (Hrsg.): Schlüsselqualifikationen im theologischen Diskurs, a.a.O., S. 70-80; vgl. U. Gerber: Bildungsfaktor Religion. Vorwort, in: U. Gerber (Hrsg.): Bildungsfaktor Religion im Kontext beruflicher Qualifizierung. Alsbach 1989 (Hochschule und Berufliche Bildung Band 10), S. 1-5.
[99] Vgl. B. Beuscher; D. Zilleßen: Religion und Profanität. Entwurf einer profanen Religionspädagogik, Weinheim 1998; M. Meyer-Blanck: Von der Identität zur Person. Religionspädagogische Redigierungen in der Postmoderne, in: ZPT 51(1999), S. 347-356; A. Grözinger: Die Kirche – ist sie noch zu retten? Anstiftungen zum Christentum in postmoderner Gesellschaft. 3. Aufl. Gütersloh 2000; U. Gerber: Religionsunterricht in der Berufsschule – Elemente einer Wahrnehmungsdidaktik, in: G. Birk; U. Gerber (Hrsg.): Wahrnehmen – mitteilen – teilnehmen, a.a.O., S. 71-81. In ähnlicher Weise bei W.-E. Failing; H.-G. Heimbrock: Gelebte Religion wahrnehmen. Lebenswelt – Alltagskultur – Religionspraxis. Stuttgart 1998.
[100] H. Luther: Religion als Weltabstand, in: ders.: Religion und Alltag. Stuttgart 1992, S. 27, 24, 25; vgl. K. Augst: Religion in der Lebenswelt junger Frauen aus sozialen Unterschichten, a.a.O., S. 88-90; ders.: „Ich ist ein Anderer". Die Bedeutung von Subjekttheorien für die Praktische Theologie, in: D. Zilleßen; S. Alkier; R. Koer-

fahrungen der Jugendlichen gerade nicht "wegstabilisieren" darf, sondern im Gegenteil eine "Grenzüberschreitung" eröffnen kann. „In Berufsschulen, vor allem in Teilzeitberufsschulen, geschieht die Wahrnehmung der Fragmentarität des Lebens durch elementar-sinnliches Wahrnehmen in Auseinandersetzung mit Wünschen, Ansprüchen, Chancen, Sanktionen, Unterdrückungs- und Erfolgserfahrungen. Wahrnehmen heißt unterscheiden, abgrenzen, differenzieren, sich von anderen getrennt zu erfahren und mit dieser sowohl selbstentdeckerischen wie selbstverleugnenden Erfahrung offen umzugehen."[101]

Albrecht Grözinger hat "rekonstruiert", dass diese "Ästhetisierung" zwei Seiten hat, nämlich eine "Ästhetik der Subjektivität", also des Einzelnen in seiner Fragmentierung und in seinen Entscheidungen und eine "Ästhetik der Treue": „Seine Kenntlichkeit gewinnt der Protestantismus dort, wo diese Doppelung von Ästhetik der Subjektivität und Ästhetik der Treue in unserer kulturellen Gegenwart relevant wird. Die jüdisch-christliche Tradition ist im postmodernen Pluralismus allenthalben am Werk: in der Musik, in den Grundrechtstiteln unserer Verfassung, in den Museen, in der Werbung. Diese Präsenz verlangt nach Deutung. Diese Deutung ist heute selbst pluralistisch geworden. Und wir sollten uns hüten, diesen Pluralismus hintergehen zu wollen. Kirche und Theologie haben ihr Deutungsmonopol für diesen Überlieferungsstrang unserer Geschichte und unserer kulturellen Gegenwart verloren. Ich trauere dem nicht nach. Kirche und Theologie können in der Vielfalt der Deutungen jedoch eindeutig zu stehen kommen. Und zwar durch eine bestimmte Perspektive, die sie einnehmen. Sie möchten nämlich diese Tradition quasi von 'innen' her deuten und sie fortschreiben. Das heißt, sie möchten zum Glutkern dieser Überlieferung vorstoßen und von diesem Glutkern her an dieser Überlieferung weiterschreiben. Ich versuche diesen Glutkern mit dem Begriff der Gottesgeschichte zu kennzeichnen. Diesem Glutkern versuchen Theologie und Kirche mit einer Ästhetik der Treue gerecht zu werden. Insofern ist diese Ästhetik der Treue alles andere als eine Ästhetik des Konventionellen. Dem einen Glutkern wird man nur mit stets neuer Annäherung, Perspektivierung und Auslegungsversuchen gerecht. Die von mir intendierte Ästhetik der Treue kann nur als eine Äs-

---

renz; H. Schroedter (Hrsg.): Praktisch-theologische Hermeneutik. Ansätze – Anregungen – Aufgaben. Reinbach-Merzbach 1991, S. 233-254.
[101] U. Gerber: Religionsunterricht in der Berufsschule – Elemente einer Wahrnehmungsdidaktik, a.a.O., S. 74.

thetik der überraschenden Innovation theologisch verantwortete Gestalt gewinnen."[102]

Einen Schritt weiter in der Begründung des Religionsunterrichts geht der Versuch, das Wahrnehmen der Ambivalenzen unseres Lebens und Zusammenlebens in der Dimension des Fremden-Anderen (mit dem jüdischen Religionsphilosophen E. Levinas) in den Mittelpunkt zu stellen.[103] Es geht dann um eine Religion, die übertreibt, übertritt, unterbricht, aber keine ihrer Positionen verabsolutiert. „Sie wagt, Unentscheidbares zu entscheiden und sich auf bestimmte kulturelle Gestaltungen festzulegen. Aber sie hat dem Fremden die Einrede gegen alle unumstößlichen Fixierungen zu lassen. Deshalb öffnet sie zugleich einen Raum des Experiments, des Aufschubs, der Verzögerung, der Leere *in* ihrer Weltverantwortung. Dieses Ethos (als Verantwortung gegenüber dem Anderen) verwirklicht sich als experimenteller Lebensstil und als politische Kultur, die keiner Macht dauerhaft den leeren Platz des Fremden erlaubt. Gerade die jüdische Tradition hat dem Dissidenten und Marginalen Raum gegeben, was ebenso für die christliche Tradition (wenn auch nicht durchgängig) gilt."[104] BRU wird hier als Ort sinnlich-körperlicher Wahr-Nehmungen von Schülern und Schülerinnen, Lehrern und Lehrerinnen praktiziert und interpretiert.[105] Dieses Verständnis und diese Praxis entspricht dem Wunsch vieler Jugendlicher nach Körper-Erfahrungen. Mögen diese sich auch als von der Angebotswerbung bereits kolonialisierte Antwortversuche darstellen, so kommt darin doch gerade die "Lebendigkeit" in ihren Bedürfnissen, Wünschen, Hoffnungen, Ohnmachts- und Allmachtsphantasien zum Vorschein.

---

[102] A. Grözinger: Theologie und Ästhetik in der Postmoderne. Bemerkungen zu einem notwendigen und strittigen Verhältnis, in: D. Zilleßen (Hrsg.): Religion, Politik, Kultur, a.a.O., S. 123.

[103] Vgl. U. Gerber: Theologie als Wahrnehmungslehre: Zur Phänomenologie des Glaubens, in: Festschrift: Heinrich Ott zum 70. Geburtstag gewidmet. Theologische Zeitschrift 55(1999) Heft 2/3, S. 199-211; ders.: Berufsschulreligionsunterricht: Kultur des „Verhaltens zum Unverfügbaren", in: Th. Schreijäck (Hrsg.): Christwerden im Kulturwandel, a.a.O., S. 539-541. Ein letztlich doch wieder „katholisierender" Versuch einer Religionsdidaktik „vom Anderen her" liegt vor bei U. Greiner: Der Spur des Anderen folgen? Religionspädagogik zwischen Theologie und Humanwissenschaften. Münster 2000.

[104] D. Zilleßen: Religion, Kultur, Ethik: Eine Politik schwieriger Beziehungen, in: ders. (Hrsg.): Religion, Politik, Kultur, a.a.O., S. 40.

[105] Vgl. D. Zilleßen; U. Gerber: Und der König stieg herab von seinem Thron. Das Unterrichtskonzept religion elementar. Frankfurt/M. 1997; U. Gerber; D. Zilleßen: BLICKS. Ethik im Alltag. Bad Homburg vor der Höhe 1999. Der Diskurs um die verschiedenen Prozesse, Intentionen und Theorien der „Elementarisierung" findet sich dargestellt im Themenheft „Elementarisierung": Pädagogik und Theologie. Der Evangelische Erzieher 52(2000) Heft 3.

5.4 Welche Aufgabe(n) hat BRU?

BRU kann als Wahr-Nehmungs-Praxis und als Wahr-Nehmungs-Lehre vollzogen und verstanden werden. Dann wird der religiöse "Fundamentalismus" der "objektivierenden" Sinn-Gebungs-Religion ebenso verlassen wie derjenige der "subjektivierenden" Erleichterungs-Religion. Religionsunterricht sollte sich gerade in den berufsbildenden Schulen nicht funktionalisieren lassen zur Werte-Vermittlerin, zur Akzeptanzbeschafferin für immer neueste Technologien und wirtschaftliche Vorgaben und auch nicht zum religiös-moralischen TÜV und Kundendienst für die geschädigten und an den Verarbeitungsfolgen leidenden Jugendlichen. Der "soziale Kitt" mag bisweilen notwendig sein, aber der Horizont ist ein anderer, weil es zuerst um die Wahrnehmungen und die Kritisierbarkeit, um die Veränderbarkeit und den Umgang mit Ambivalenzen, Brüchen, Uneindeutigkeiten und den Wünschen nach Eindeutigkeit geht. Im Umgang mit den fachunterrichtlichen Informationen und Diskussionen kann BRU „das sinnliche Wahrnehmen der Fragmentarität unseres Lebens und Zusammenlebens" intendieren. Dem ständig gehörten Wunsch, dass BRU Identität vermitteln solle und harmonisch, angst- und konfliktfrei Probleme lösen solle, Räume und Zeiten für Jugendliche bereitzustellen habe, muß als einer typischen vermarktungs- und zivilreligiösen Option trotz Sympathiegewinnung bei Unternehmerverbänden, Industrie- und Handelskammern, auch bei manchen Schulleitern und Schulleiterinnen und Kollegen und Kolleginnen und vor allem bei Vertreterinnen und Vertretern von Kirchen widersprochen werden: BRU kann und soll diese Aufgabe nicht erfüllen, weil unser Leben immer angstbesetzt ist und deswegen der offene Umgang mit Angst und nicht das durch Allmachtsphantasien versprochene und gewünschte Wegbekommen von Angst gemeint sein kann. Das Ziel des BRU ist nicht, Konflikte durch Harmonie wegzubekommen, sondern Harmonie und Konflikt als Lebensdimensionen verstehen zu lernen, die unser Leben gleichermaßen bereichern und zerstören. Wer einseitig Harmonie, Ruhe, Identität, Kompensation, Zu-sich-selbst-Kommen als Ziele statt als ambivalente Ausdrucksweisen unserer Lebendigkeit, unseres Begehrens, unseres Geschöpfseins anstrebt, scheint von einem eindeutig ausweisbaren Menschen-Bild und einer entsprechenden Anwendungsdidaktik auszugehen.

In diesem Horizont wird immer wieder gesagt, dass der BRU Sinn-Gebung zu leisten habe. Nur: Sinn-Gebung hat es mit allgemeingültiger Reflexion kontingenter Wahrnehmung der Jugendlichen zu tun, mit argumentativer Verallgemeinerung persönlich-einmaliger Erfahrungen der Berufsschüler und Berufsschülerinnen, mit dem gewaltsamen Brechen unserer gegenwärtig fließenden Wahrnehmungen des Anderen und der Anderen in eine feststellende Beurteilung. Damit ist Sinnstiftung nicht bestritten, sondern ihr Ort ist angegeben, nämlich die Ebene verallgemeinernder Deutungen und eines kognitiv orientierten Fachunterrichtes, die aber immer relativ sind zu den vorausgehenden, sich in diesen Deutungen allerdings artikulierenden Wahrnehmungen der Jugendlichen im Medium ihrer Leiblichkeit. Insofern stehen nicht Sinngebung als Grundorientierung und fester Halt im Vordergrund, sondern Sinn-Relativierung, ständiges Setzen und Aufheben von Sinn, das zugleich jegliche Ideologisierung und Fundamentalisierung abwehrt. Allmachtsphantasien der Sinn-Vermittlung werden entlarvt so gut wie die Ohnmachtsphantasien der Jugendlichen aufgearbeitet werden können in einem partizipatorischen BRU.[106] Gerade nicht die Erfüllung und Fülle, die vollzogene Versöhnung als Einswerdung und ein kosmologisch-phantasierende Erlösungsphantasie beschreiben das Geschehen von Schöpfung und Rechtfertigung (des Gottlosen allein durch Gott), sondern die ursprüngliche Differenz-Erfahrung als das Gegenübertreten von uns Menschen ohne Möglichkeit und Notwendigkeit einer Einswerdung, Verschmelzung, Identifizierung. Differenz und Abwesenheit, Mangel und Abhängigkeit vom Anderen-Fremden konstituieren unsere Lebensentwürfe (in der Alterität). „Die Gedankenfigur der Anwesenheit des Abweseden ist eine Formel für die Weise, wie das Heilige dem Menschen nach dem Tode Gottes erscheint. Nicht mehr auf eine wie immer auch geartete innere Gewißheit stützt sich dieses Denken, sondern auf die Erfahrung eines Mangels."[107]

---

[106] U. Gerber: Religionsunterricht in der Berufsschule – Elemente einer Wahrnehmungsdidaktik, in: G. Birk; U. Gerber (Hrsg.): Wahrnehmen – mitteilen – teilnehmen: Humane Grundlagen der Berufsbildung, a.a.O., S. 72; K. Meyer-Drawe: Illusionen von Autonomie. Diesseits von Ohnmacht und Allmacht des Ich. München 1990; H. Bauer; E. Schmitz: Formen der Problembewältigung Jugendlicher. Ergebnisse einer Untersuchung im Lebensbereich Schule, in: Die berufsbildende Schule 46(1994) S. 354-360. Auch N. Mette weist auf die lebensweltliche, lebensgeschichtliche und partizipationsorientierte Verortung „religiöser Bildungsarbeit" hin (Praktisch-theologische Erkundungen. Münster 1998, S. 149), was m.E. dann wieder auf Vereindeutigungen hinauszulaufen droht, wenn (mit R. Englert: der Religionsunterricht an der Grundschule – gegenwärtige Probleme und zukünftige Möglichkeiten, in: Im Zeichen einer veränderten Kindheit. Benzberg 1996, S. 9-21) auf *wahre* Erkenntnis, *sinnhafte* Ordnung, *rituelle* Gestaltung abgehoben wird. Das selbe läßt sich an Titeln von Schul-Büchern und Materialien zur Konfirmandenarbeit zeigen: „Christ sein läßt sich lernen" (E. Scheibe, 1994/95), „Wir gehören zusammen" (H. Hanisch u.a., 1997 ff.), „Den Glauben feiern" usw., wovon einer didaktischen Vermittelbarkeit und Verfügbarkeit und von Harmonisierungsabsichten ausgegangen wird bzw. diese intendiert werden (kritisch bei Chr. Türcke: Vermittlung als Gott. Kritik des Didaktik-Kults. Lüneburg 1994).

[107] P. Bürger: Ursprung des postmodernen Denkens. Weilerswiest 2000, S. 71; W. Welsch: Religiöse Implikationen und philosophische Konsequenzen „postmodernen" Denkens, in: A. Halder; K. Kienzler; J. Möller (Hrsg.): Religionsphilosophie heute. Düsseldorf 1988, S. 117-129.

6. Epilogisches

Abschließend sollen die m.E. deutlichsten Brennpunkte des BRU in den ersten Jahren des 21. Jahrhunderts kurz angesprochen werden:

❖ Unser technischer Standard (vorab der Informations- und Gen-Technologie) verändert sich nicht nur sehr schnell, sondern verändert unsere Gesellschaft, uns Bürger und Bürgerinnen, unseren Umgang miteinander und mit der immer mehr künstlich hergestellten Welt. Alle und alles sind im Aufbruch, nomadisch jagend, als die Erde blitzschnell umrundende Zeichen, sich anpassende Menschen, aussterbende Tiere und Pflanzen.

❖ Die Arbeitsstrukturen und -organisation verändert sich grundlegend. Wir können nur in Szenarien vermutungsweise andeuten, wohin die Produktions- und Dienstleistungsreise gehen wird. Entsprechend unübersichtlich und teilweise desolat ist die Situation der Ausbildung. Autonome Kompetenzzentren, behaftet mit den bekannten und sicher neu auftretenden Problemen, sollen in Absprache mit den Sozialpartnern gefächerte, modulisierte, fächerübergreifende, lernfeldorientierte Ausbildungsgänge verschiedener Dauer und Qualifikationen anbieten, neu installieren, ja neu erfinden. Was geschieht mit dem (bewährten) dualen System? Was passiert mit den Berufsschülern und Berufsschülerinnen, wenn sie ihre Lehre abgeschlossen haben?

❖ Dies ruft bei den Berufsschülern und -schülerinnen wie bei den Berufsschullehrern und -lehrerinnen eine ambivalente Verunsicherung hervor, nämlich einerseits positiv als Möglichkeit, die "Modernisierungsschübe" unserer Gesellschaft selbst mitzugestalten im Ausbildungs- und dann auch im Fort- und Weiterbildungssektor. Andererseits machen die „Daueraufrüstung" der Technologien, der damit gegebene Anpassungs- und Leistungsdruck, die Reduzierung auf Fach-Ausbildung mit ganz geringen Anteilen an sogen. Personal- und Sozialkompetenzen, die man dann noch fatalerweise als technischen Umgang mit Informationstechniken mißversteht, und der enger werdende Arbeitsmarkt die Verunsicherung nahezu unerträglich. Wir brauchen eine Technik-Folgen-Abschätzung für uns Bürger und Bürgerinnen und ganz speziell für Berufsschüler und Berufsschülerinnen.

   Der entsprechende gesellschaftliche Umbau wird (politisch) nicht ernst genommen. Die New Economy ist zum „roten Faden", zum beschworenen Integrationsmodell unserer Gesellschaft und zum Vorzeichen für alle öffentlichen Maßnahmen geworden. Für deren Erhalt werden fast alle kritisch-aufklärenden und emanzipatorischen Intentionen, nahezu alle unsere sinnlich-körperlichen Bedürfnisse und Optionen, die Wünsche Jugendlicher nach mehr Selbstständigkeit und zugleich nach mehr sozialer Wärme usw. untergeordnet, regelrecht geopfert. Ein anderes Goldenes Kalb läßt grüßen.

❖ Wen wundert's, dass Berufsschüler und Berufsschülerinnen in ihrer Betroffenheit durch diese Problemfelder Erleichterung durch Orientierung, Events, Fun-Ereignisse, Begegnungsnähe wünschen.[108] Sie wollen keine Religion, die sie von dieser Erde erlösen und mit einem Jenseitigen versöhnen möchte. Nicht untergehen im irdischen Getümmel einerseits und Erleichterungen für das (post-) moderne Nomadenleben, wird gewünscht, damit dieses Leben in Augenblicken Spaß macht und zu einem persönlich-biographischen Event werden kann. Wenn BRU und der Religionslehrer und die Religionslehrerin hierzu beitragen, dann wird BRU von den Berufsschülern und Berufsschülerinnen akzeptiert. Aber gerade hier beginnt dann wieder das Problem, welche Aufgaben BRU hat.[109]

---

[108] Laut der Umfrage „Freizeit-Monitor 2001" von H.W. Opaschowski wünschen sich gerade Jugendliche wieder mehr Ruhe, Ausgeglichenheit, Sinnstabilität, aber auch (die Einhaltung von klassischen) Tugenden wie Fleiß, Ordnung usw.

[109] Abschließend möchte ich auf eine Stellungnahme zum Religionsunterricht der Kultusministerin des Landes Hessen, Karin Wolff, hinweisen, weil ich deren Quintessenz für außergewöhnlich halte im üblichen schulpolitischen Diskurs: „Viele halten einen Religionsunterricht – gerade in der Berufsschule – für gut, wenn er Werte vermittelt, die ein Jugendlicher so braucht, um auch im Betrieb gut zu funktionieren. Übrigens auf gleicher Stufe befinden sich diejenigen, die glauben, der Unterricht solle möglichst aktive Demonstranten gegen die Startbahn West oder die Globalisierung hervorbringen. Beidem liegt ein instrumentelles Denken zugrunde. Religionsunterricht hat glücklicherweise keine Pflicht, den Zeitgeist zu bedienen" (K. Wolff: Religionsunterricht – unverzichtbarer Teil des schulischen Lebens, in: Evangelische Verantwortung 10/2001, S. 2). Anders lautet der Rekurs auf das klassische Proprium bei dem Vorsitzenden der Deutschen Bischofskonferenz Karl Kardinal Lehmann am 19. Juni 2001: „In der pluralistischen Gesellschaft verliert man seine eigene Stimme, wenn man auf das Proprium verzichtet" (ders.: Ort und Funktion des schulischen Religionsunterrichtes im pluralistischen Gesellschaft, in: Informationen 30 (2001) Heft 3, S. 181). Dies wird dann zugespitzt auf den „je aktuellen Träger" statt auf die vom Anderen her konstituierte Beziehung. – Eine andere Problemperspektive ist die „Wiederbelebung" der Religionen, die zugleich die Frage nach einer neuerlichen Politisierung von Religion – bei uns des Christentums aufwirft, zumal wenn J. Habermas von einer „postsäkularen Gesellschaft" gesprochen hat in seiner Rede zur Verleihung des Friedenspreises des Deutschen Buchhandels, wenn U. Beck dem Katholizismus „eine kosmopolitische Grundstruktur" mit grenzübergreifender Humanität unterstellt (Freiheit oder Kapitalismus. Gesellschaft neu denken. Ulrich Beck im Gespräch mit Johannes Willms. Frankfurt/M. 2000, S. 274), wenn N. Bolz im Papst die unbedingte Autorität des Vaters verkörpert sieht, der „Orientierung in einer unübersichtlichen Gesellschaft" verspricht und als „Sinnstifter und Orientierungshelfer" erscheint (ders.: Urbi et Orbi – der Botschafter als Medium, in: Chrismon. Das evangelische Magazin 10/2001, S. 40-44), wenn sich J. Derrida, G. Vattimo, H.-G. Gadamer und andere teilweise änigmatisch mit einer Art Renaissance der Religion beschäftigt haben (J. Derrida; G. Vattimo: Die Religion. Frankfurt/M. 2001). Auf dieses Problem einer eventuell vorschnellen und fatalen Repolitisierung der Religion soll an anderer Stelle eingegangen werden. Vgl. U. Gerber: Welche Repolitisierung des Religiösen möchten wir?, in: BRU. Magazin für die Arbeit mit Berufsschülern, Heft 16/1992: Islam, S. 11f.).

Der Berufsschulreligionsunterricht
im Spiegel der Erhebungen

1. Was gefragt wurde

Wo nach Lebensansichten und Werthaltungen und damit auch nach religiösen Dimensionen im Leben Jugendlicher gefragt wird, liegt es angesichts des „Ortes" der Befragung nahe, nach den konkreten Erfahrungen und Erwartungen bezüglich des BRU zu fragen. Daher enthielten die Fragebögen aller drei Erhebungen jeweils zwei Elemente, die unmittelbar auf den BRU zielten.

In 1998 lauteten die beiden ersten Elemente (von insgesamt 10):

Wie wichtig sind für Dich die folgenden Schwerpunkte im Religionsunterricht?
Sehr wichtig (1)   wichtig (2)   weniger wichtig (3)   unwichtig (4)
Zutreffende Zahl bitte einkreisen!

a) Kenntnisse verschiedener Religionen.........................1	2	3	4
b) Die Frage nach dem Sinn des Lebens.........................1	2	3	4
c) Werte, Normen, Moral... 1	2	3	4
d) Die christliche Religion verstehen................................ 1	2	3	4
e) Sich zur eigenen Religion bewusst bekennen..............1	2	3	4
f) Gegen Ungerechtigkeiten in der Welt eintreten............ 1	2	3	4

Würdest Du etwas vermissen, wenn es keinen Religionsunterricht an Deiner Schule gäbe?

Ja ( )   Nein ( )

Wenn ja, was würdest Du vermissen? (Leerzeilen für freie Antworten)

Die Erhebungen in 1999 und 2000 plazierten die jeweils gleichlautenden Fragen an letzter bzw. vorletzter Stelle:

Was erwartest Du vom Religionsunterricht? (Leerzeilen für freie Antworten)

Würdest Du es bedauern, wenn es keinen Religionsunterricht an Deiner Schule gäbe?
Ja ( )   Nein ( )

Neben dem Frage-Element mit den vorgegebenen Antwortmöglichkeiten sollte bewusst Raum gelassen werden für die Selbstdarstellung, für freie Äußerungen der Befragten. Die Antworten zu beiden Elementen ergänzen bzw. kontrastieren sich somit gegenseitig.

Wegen der *negativ* formulierten Intention in 1998 („...was würdest Du vermissen?") wurde in den folgenden Erhebungen absichtlich *positiv* nachgefragt: „Was erwartest Du vom Religionsunterricht?". Würde die andere Frageform grundlegend andere Antworten hervorrufen?

Inwieweit die unterschiedlichen Plazierungen einen erkennbaren Einfluss auf die Antworten hatten, lässt sich nur spekulativ erwägen. Die faktischen Ergebnisse legen eine solche Vermutung jedenfalls nicht nahe.

2. Die Ergebnisse

2.1 Erwartungen an den Religionsunterricht (RU)

	1998	1999	2000
Befragte gesamt:	3018	1843	1615
Antworten von % der Befragten:	28	55	73
Rang	Was würdest Du vermissen, wenn es keinen Religionsunterricht an Deiner Schule gäbe?	Was erwartest Du vom Religionsunterricht?	Was erwartest Du vom Religionsunterricht?
1	Offene Gespräche und Diskussionen über allgem. Dinge des Lebens und sozialkritische Themen	Aktuelle sozialkritische Themen	Andere Religionen, Kulturen und Glaubens-Vorstellungen
2	Offene Diskussionen	Informationen über fremde Religionen	Interessanten Unterricht, mehr Spaß
3	Gesellschaftlich-Soziale Aspekte	Offene Diskussionen	Andere Themen-Vorschläge
4	Verständnis der Eigenen Religion	Abwechslung und Unterhaltung	Gespräche, Diskussionen
5	Gute Atmosphäre im Unterricht	Allgemeiner Meinungs- und Erfahrungsaustausch;	Weniger religiöse Themen

		Information über die eigene Religion	
6	Fremde Religionen und Wertordnungen	Behandlung von Sinnfragen	Kritik
7	Den gegenseitigen Erfahrungsaustausch	Die Bibel verstehen	Religion allgemein
8	Entspannung, Meditation	Geschichte und Kultur der Religionen	Ernst genommen werden; individuelle Unterrichtsgestaltung
9	Person des Lehrers/der Lehrerin	Entspannung von anderen Fächern	Mehr religiöse Themen
10	Andere Art des Unterrichts	Vermittlung von Werten und Normen	Thematisierung von Sinnfragen
Weiterhin wurden genannt:	• Eigene Position in der Gesellschaft finden • RU aus Pflicht und Gewohnheit • RU zum Notenausgleich • Spirituelle u. andere Religionsformen • Mehr bibl. Themen	• RU als Noten- und Ausgleichsfach • gute Lehrer • selbstgewählte Inhalte • mehr Praxisbezug • Konfessionsbezug • Gemeinschaftsgefühl	• Mehr über die eigene Religion erfahren • Biblische Themen • Themen, die sonst vernachlässigt werden

Die synoptische Darstellung der frei formulierten Nennungen zeigt:

1. Die Erwartung und Bereitschaft der Jugendlichen, sich auf Gespräche und Diskussionen einer *offenen Themenvielfalt* einzulassen, insbesondere wenn sie an der Themenwahl beteiligt sind und sich im Dialog ernst genommen fühlen. Zentrales Kriterium der Zustimmung ist offensichtlich der unmittelbare Realitätsbezug. Was behandelt wird, soll „lebenswichtig" sein, soll seine Verknüpfung mit dem praktischen Leben aufzeigen und darin einerseits seine Lebensdienlichkeit erweisen, andererseits gerade von jeglicher Funktionalisierung auch für das Leben absehen (vgl. Rang 3).

2. Ein *religiös-plurales Interesse*, das sich nicht auf eine christliche Perspektive beschränken (lassen) möchte. Die multikulturell durchwachsenen Alltagserlebnisse in Schule, Arbeitswelt, Freizeit und Medien, die ökonomische und politische Globalisierung der Denk- und Handlungsstrukturen sowie der quasi grenzenlose Erlebnis- und „Bewegungsraum" im Internet verändern nachhaltig auch die Erwartungen und Sichtweisen hinsichtlich des Phänomens Religion und konkret auch des schulischen BRU. Der jeweils steigende Rangplatz der „fremden Religionen" belegt die Aktualität und Wichtigkeit der Thematik.

3. Eine sehr *begrenzte Nachfrage nach religiöser Unterweisung im konservativen Sinn.* Religiöse Themen im engeren christlich-kirchlichen Kontext sind kaum ge-

wünscht. Eher wird nach allgemeinen Zugängen zu religiösen Begriffen, Ritualen, Traditionen usw. gesucht. Das Verstehenwollen des Christlichen rangiert eindeutig hinter dem Interesse an fremder Religiosität. Eine nennenswerte Bedeutung der eigenen kirchlich-konfessionellen Prägung ist nicht (mehr) festzustellen.

4. Dass dem BRU eine hohe Erwartung entgegengebracht wird, ein *anderes Schulfach* zu sein. Hier sollen ungezwungene Gespräche stattfinden, sollen Entspannung, Spaß und Unterhaltung ihren Platz haben. Dieser Unterricht soll aus Schülersicht gerade methodisch und „klimatisch" einen positiven Kontrast zu anderen Fächern bieten. Nicht die steife Rezeption eines „Stoffes" wird erwartet, nicht das primär kognitive Lernen, sondern ein Angesprochen-werden auf umfassendere Weise, die nicht allein dem Kopf nahrhafte Angebote macht.

Fazit:

- Ein BRU, der zeitgemäß und schülerorientiert sein will, kann sich den hier bekundeten Interessen und Bedürfnissen der Jugendlichen nicht folgenlos entziehen. Er wird im Gegenteil sogar bewusst Raum und Zeit geben für den Umgang mit diesen Erwartungen, Beurteilungen und Wünschen. Die Zustimmung zum BRU seitens der jungen Menschen wird – neben der persönlichen Authentizität und fachlichen Kompetenz der Lehrkräfte – wesentlich von deren Kooperationsbereitschaft und -fähigkeit bezüglich Inhalten und Methoden getragen.

- Religionspädagogisch konkretisiert sich die Aufgabe, Lehrpläne und Unterrichtskonzepte dieser gewandelten Erwartung anzugleichen. Religiöse Inhalte zu vermitteln verlangt in dieser Altersstufe eine direkte und existentielle Plausibilität, eine unmittelbare Sinnlichkeit und Sinnhaftigkeit. Die theologisch oft als unqualifiziert abgetane Frage „Was nützt mir der Glaube?" wird gerade von Berufsschülern verschärft gestellt – und sie finden offenbar im kirchlichen Raum und überlieferter theologischer Sprache keine befriedigenden Antworten. Es müsste die Chance gegeben werden, diese Frage nach dem Nutzen des Glaubens als eine „Vermarktungs"-Frage – analog zu Liebe, Vertrauen, Zuneigung – durchschauen zu lernen (ohne dies abzuwerten, sondern es einordnen zu lernen).

- Die kirchliche Verantwortung des BRU wird – Schülern, Eltern, Betrieben und Staat – verstärkt und nachvollziehbar erklären müssen, was weiterhin dafür spricht, den RU grundsätzlich konfessionell zu organisieren und inhaltlich zu akzentuieren. Die konfessionelle Homogenität von Schüler/inn/en, Lehrer/inne/n und

Lehrplänen ist in vielen Schulformen längst nicht mehr zu halten. Gerade die Berufsschulen scheinen hier die gesellschaftlichen Verhältnisse deutlicher zu spiegeln, so dass dort ein klares Votum für den gemeinsamen Unterricht von evangelischen, katholischen, muslimischen und anders orientierten Schüler/inne/n die Schulpraxis bestimmt. Die Konfessionalität ist damit allein in der Person der Lehrkraft gegeben.

2.2. Schwerpunkte im RU

Bei allen drei Erhebungen wurde die gleichlautende Frage gestellt. Das Gesamtergebnis lässt erste Vergleiche zu:

Wie wichtig sind für Dich die folgenden Schwerpunkte im Religionsunterricht?	sehr wichtig			Wichtig			weniger wichtig			unwichtig		
	98	99	00	98	99	00	98	99	00	98	99	00
01) Kenntnisse versch. Religionen	13,6	20,4	23,0	42,6	42,4	38,2	30,6	24,0	24,5	13,2	11,7	11,9
02) Antwort auf die Frage nach dem Sinn des Lebens	23,4	20,6	20,0	38,3	36,2	32,4	24,9	26,4	29,3	13,4	15,0	14,9
03) Eine Grundlage für Werte und Normen erhalten	8,1	6,6	6,2	28,7	30,2	25,7	42,4	39,8	42,7	20,8	19,0	19,6
04) Die christliche Religion verstehen	8,0	9,9	9,2	32,4	30,2	28,9	36,8	34,7	36,5	22,9	22,5	21,8
05) Sich zu seiner Religion bewusst bekennen	13,4	15,2	13,1	24,7	19,0	21,4	34,2	35,7	33,6	27,7	27,7	27,8
06) Gegen Ungerechtigkeiten in der Welt eintreten	31,9	28,9	25,9	43,3	42,2	41,2	16,9	17,9	20,4	7,9	9,1	8,9

Über den Zeitraum der Befragung hinweg zeigt sich:

- Die Position 06 behauptet, wenn auch spürbar abnehmend, ihren Spitzenplatz. Ein vitales Empfinden der Jugendlichen für die gesellschaftlichen und globalen Schieflagen und Mißstände erwartet offenbar vom BRU einen entsprechenden Resonanzraum.

- Die „Kenntnisse verschiedener Religionen" (01) werden zunehmend als „sehr wichtig" eingestuft. Nimmt man die beiden positiven Wertungen (sehr wichtig, wichtig) zusammen, so haben in 2000 rund 71 % der Befragten für diesen Schwerpunkt votiert.

- Vom BRU werden zwar auch weiterhin Antworten auf die Sinnfrage (02) erwartet, doch mit eindeutig sinkender Tendenz.

- Die Vermittlung von Werten und Normen (03) wird zunehmend abgelehnt. Über 62 % der Jugendlichen halten (bei Summierung der beiden negativen Wertungen) diesen inhaltlichen Aspekt in 2000 für weniger wichtig bzw. unwichtig.

- Die christliche Religion zu verstehen (04), stößt ebenso auf abnehmendes Interesse. Die negativen Wertungen überwiegen. Umgekehrt sollte nicht unterbewertet bleiben, dass z. B. in 1998 rund ein Drittel der Befragten diesen Inhalt für „wichtig" hielt.

- Das Bekenntnis zur eigenen Religion (05) erhielt zwar in der Kategorie „sehr wichtig" höheren Zuspruch als das Verständnis des Christentums, wird jedoch insgesamt auch eher als weniger wichtig bzw. unwichtig angesehen.

Vergleicht man diese Präferenzen unter den vorgegebenen Antworten mit den frei formulierten Erwartungen an den BRU (siehe oben 2.1), so bestätigt sich das vorrangige Interesse an fremder Religiosität.

Sofern die in 2.1 genannten Themenwünsche („Aktuelle sozialkritische Themen", „gesellschaftlich-soziale Aspekte", „Offene Diskussionen" über „alle Themen") mit dem hier erstrangigen Schwerpunkt, dem „Eintreten gegen die Ungerechtigkeiten in der Welt" von der Intention her gleichgesetzt werden dürfen, wurde auch dieser Inhalt klar bestätigt.

Die Behandlung von Sinnfragen wurde bei den freien Nennungen lediglich in 1999 (Rang 6) und in 2000 (Rang 10) erwähnt, während sie als direkt angebotener Unterrichtsschwerpunkt deutlich mehr Stimmen erhielt.

Parallelen zeigen sich auch in dem eher nachrangigen Interesse an der christlichen Religion, dem Bekennen zur eigenen Religion und der Vermittlung von Werten und Normen.

Da die angeführten Gesamtergebnisse jedoch noch keinen weiteren Aufschluss darüber geben, wie sich diese Zahlen hinsichtlich Alter, Geschlecht und Konfession noch detaillierter lesen lassen, sollen nachfolgend die sechs Antwort-Positionen unter dieser Rücksicht etwas genauer dargestellt werden.

(Die Antwortbögen wurden auch nach den Kategorien *Schülerstatus* (= Schüler oder Auszubildende) sowie nach dem *Berufstyp* ausgewertet. Beim Berufstyp wurde die Vielzahl von Ausbildungsberufen in 4 Sparten erfasst: Handwerksberufe Industrie, Handwerksberufe Dienstleistung, Andere Industrieberufe, Andere Dienstleistungsberufe. Beide Kategorien werden in der weiteren Darstellung jedoch nur sekundär einbezogen. Einerseits soll eine gewisse Überschaubarkeit gewahrt bleiben, andererseits waren die Erfassung bzw. Kodierung der Daten nicht immer ganz eindeutig. So zeigten sich Unklarheiten beim *Schülerstatus*: teils wurde „Schüler" angegeben, obwohl es sich um eine Ausbildungsform in schulischer Vollzeitform handelt u.ä.

Auch die verengende Zuordnung in nur 4 Berufssparten ist lediglich ein grobes Ordnungsprinzip, das nur begrenzte Unterscheidungen ermöglicht.)

Um die Konturen der Ergebnisse besser erfassen und darstellen zu können, werden nachfolgend die Wertungen 1 (sehr wichtig) und 2 (wichtig) in der Regel als *Zu-*

stimmung zusammengefasst, ebenso die Wertungen 3 (weniger wichtig) und 4 (unwichtig) als *Ablehnung*.

2.2.1. Kenntnisse verschiedener Religionen

Nach Geschlecht:

	männlich			weiblich		
Erhebungsjahr:	98	99	00	98	99	00
Zustimmung in %	48,2	57,2	56,0	62,8	66,9	65,5

Nach Altersgruppen:

Altersgruppe	16	17	18	19	20
Zustimmung 1998 in %	45,7	52,2	55,6	60,2	65,7
Zustimmung 1999 in %	59,9	58,9	60,7	65,1	70,5
Zustimmung 2000 in %	61,6	58,1	53,6	65,0	67,9

Nach Konfessionen:

Konfessionsgruppe	Evang.	Kath.	Musl.	And. Konf.	Unge-tauft	Ausge-treten
Zustimmung 1998 in %	56,2	55,8	75,2	50,4	47,1	-
Zustimmung 1999 in %	61,2	63,8	82,2	68,3	48,1	42,0
Zustimmung 2000 in %	57,1	65,9	83,8	74,1	50,6	44,2

- Dieser Schwerpunkt wird von weiblicher Seite deutlich stärker befürwortet als von männlicher.
- Fast durchgehend ist ein steigendes Votum mit zunehmendem Alter zu beobachten.
- Schüler messen diesem Unterrichtsinhalt durchweg eine größere Bedeutung zu als Auszubildende.
- Auszubildende in Handwerksberufen bleiben mit ihrem Interesse hinter dem der Befragten aus anderen Industrie- und Dienstleistungsberufen zurück.
- Die Zustimmung der muslimischen Jugendlichen ist (verständlicherweise?) dominant. Auffallend ist die gewachsene Differenz zwischen Katholischen und Evangelischen in 2000, die sprunghaft gestiegene Befürwortung der Angehörigen anderer Konfessionen sowie der vergleichsweise hohe Zuspruch seitens der Konfessionslosen zu diesem Inhalt.

2.2.2. Antwort auf die Frage nach dem Sinn des Lebens

Nach Geschlecht:

	männlich			weiblich		
Erhebungsjahr:	98	99	00	98	99	00
Zustimmung in %	56,2	55,4	50,4	66,4	58,4	54,5

Nach Altersgruppen:

Altersgruppe	16	17	18	19	20
Zustimmung 1998 in %	67,3	63,5	61,0	60,8	61,3
Zustimmung 1999 in %	62,8	61,6	58,0	57,7	51,7
Zustimmung 2000 in %	65,3	53,9	52,6	50,9	46,7

Nach Konfessionen:

Konfessionsgruppe	Evang.	Kath.	Musl.	And. Konf.	Unge-tauft	Ausge-treten
Zustimmung 1998 in %	59,2	66,2	65,0	63,8	52,1	-
Zustimmung 1999 in %	53,9	61,0	69,0	65,1	43,7	22,6
Zustimmung 2000 in %	50,3	56,6	58,7	59,8	52,3	34,6

- Die weiblichen Befragten sind durchgehend und deutlich stärker als die männlichen an der Thematisierung von Sinnfragen interessiert.
- Wenn auch insgesamt eine hohe Votierung für diesen Inhalt vorliegt, so sinkt das Interesse linear mit steigendem Alter. Wie variabel und sprunghaft die Interessenslage verlaufen kann, zeigt die Quotierung bei den 20- und 21-Jährigen: zeigt sich in 1998 bei den 20-Jährigen nochmals ein leichter Anstieg, so fällt er dann bei den 21-Jährigen auf 54,8 %; in 2000 hält der rapide Abwärtstrend bis zum 20. Lebensjahr an, um dann mit 21 wieder auf 51,5 % zu steigen.
- Auffallend ist der durchgehalten höhere Zuspruch der katholischen vor der evangelischen Jugend, wenn auch die Quoten beider Konfessionsgruppen in den drei Jahren spürbar zurückgehen. Der jeweilige Spitzenplatz wechselt von den Katholiken (1998) über die Muslime (1999) zu den „anderen Konfessionen" (2000). Die ungetauften Jugendlichen übertreffen in 2000 mit ihrem Votum die evangelischen.
- Schüler stimmen diesem Schwerpunkt klarer zu als die Auszubildenden.
- Dienstleistungsberufe votieren höher als die Handwerksberufe.

2.2.3. Eine Grundlage für Normen und Werte erhalten

Nach Geschlecht:

	männlich			weiblich		
Erhebungsjahr:	98	99	00	98	99	00
Ablehnung in %	65,6	59,4	61,9	61,3	58,5	63,1

Nach Altersgruppen:

Altersgruppe	16	17	18	19	20
Zustimmung 1998 in %	31,2	34,0	35,5	34,7	45,6
Zustimmung 1999 in %	29,9	32,8	32,1	38,6	42,6
Zustimmung 2000 in %	28,4	29,8	28,0	27,2	38,8

Nach Konfessionen:

Konfessionsgruppe	Evang.	Kath.	Musl.	And. Konf.	Unge-tauft	Ausge-treten
Ablehnung 1998 in %	62,3	63,9	58,9	61,7	65,4	-
Ablehnung 1999 in %	62,4	56,4	53,0	54,0	57,8	71,0
Ablehnung 2000 in %	64,1	61,8	58,2	50,7	69,7	63,5

- Die Ablehnung dieses Unterrichtsschwerpunkts liegt verstärkt auf männlicher Seite. Dennoch zeigt der Jahresvergleich eine sich verringernde Differenz zwischen den Geschlechtern. In 2000 überwiegt sogar das weibliche Nein.

- Der umgekehrte Blick auf die Zustimmung zeigt in den Altersgruppen einen unterschiedlichen Verlauf. Den wechselhaften Tendenzen zwischen 1998 und 2000 steht ein paralleler sprunghafter Anstieg des Interesses bei den 20-Jährigen gegenüber. In 2000 klettert dieser Wert bei den 21-Jährigen sogar weiter auf 40,0 % in der Wertung „wichtig". Damit ergibt sich mehrheitlich eine mit dem Alter wachsende Zustimmung zu diesem Schwerpunkt.

- Das Nein zur Vermittlung von Werten und Normen ist bei Auszubildenden durchgehend höher als bei Schülern: z. B. in 2000 mit 65,0 % zu 56,4 %.

- Die Ergebnisse der einzelnen Berufsgruppen bleiben überwiegend ohne klare Tendenzen. Allein bei der Sparte „Handwerk Dienstleistung" ergibt sich z. B. in 1998 ein kontinuierliches Ansteigen der Zustimmung vom 16. Lebensjahr (26,8 %) bis zum 21. Lebensjahr (61,7 %).

- Die Ablehnung bewegt sich bei evangelischen und katholischen Jugendlichen etwa auf gleicher Höhe, sie werden aber in 1998 und 2000 von den Ungetauften, in 1999 von den Ausgetretenen überboten. Deren Nein zu einer kirchlich-konfessionellen Wertevermittlung liegt auf der Hand. Umgekehrt zeigen von allen Konfessionsgruppen ausgerechnet die Muslime meist den geringsten Widerstand (in 2000 jedoch die „anderen Konfessionen") gegenüber diesem Themenkreis. Die Zustimmung ist z. B. in 2000 bei den Angehörigen der „anderen Konfessionen" markant höher: 11,7 % halten den Schwerpunkt für „sehr wichtig" und 36,4 % immerhin für „wichtig".

2.2.4. Die christliche Religion verstehen

Nach Geschlecht:

	männlich			weiblich		
Erhebungsjahr:	98	99	00	98	99	00
Zustimmung in %	37,2	42,0	41,6	42,9	39,0	36,5

Nach Altersgruppen:

Altersgruppe	16	17	18	19	20
Zustimmung 1998 in %	42,0	40,0	39,2	38,8	44,3
Zustimmung 1999 in %	40,7	40,2	39,1	40,0	41,3
Zustimmung 2000 in %	38,4	39,1	36,0	38,7	41,8

Nach Konfessionen:

Konfessionsgruppe	Evang.	Kath.	Musl.	And. Konf.	Unge-tauft	Ausge-treten
Zustimmung 1998 in %	41,7	47,8	28,5	41,4	22,1	-
Zustimmung 1999 in %	41,9	46,9	34,5	44,5	19,2	12,9
Zustimmung 2000 in %	39,4	46,2	36,3	53,3	20,9	23,1

- Das Verstehenwollen der christlichen Religion hat innerhalb des Befragungszeitraums von männlicher Seite erkennbar zugenommen, während das weibliche Interesse in vergleichbarem Umfang abnahm.
- Die obige Synopse der Altersstufen belegt zwei Tendenzen: einerseits ist jeweils bei den 20-Jährigen eine spürbare Zunahme des Interesses zu verzeichnen, andererseits sinkt die generelle Zustimmung im Vergleich der drei Erhebungen.

- Das Ja zu diesem Themenschwerpunkt liegt bei den Schülern größtenteils höher als bei den Auszubildenden. Lediglich bei den 20- und 21-Jährigen kehrt sich dieses Verhältnis teilweise um.

- Von den Berufstypen signalisieren die industriellen Handwerksberufe die stärkste Ablehnung, die sich mit dem Alter steigert.

- Naheliegend ist das niedrige Votum der Muslime, Ungetauften und Ausgetretenen, wenn sich diese Quoten umgekehrt auch „positiv" lesen lassen. Denn immerhin zeigen rund ein Fünftel der nicht religiös bzw. kirchlich gebundenen Jugendlichen ein sachliches Interesse am Christentum; bei den Muslimen ist dies durchschnittlich ein Drittel der Befragten. Katholische Jugendliche votieren eindeutig höher als die evangelischen Altersgenossen. Auffallende Steigerungen des Interesses am Thema ergaben sich über die Jahre hinweg bei den Muslimen und den „anderen Konfessionen".

2.2.5. Sich zu seiner Religion bekennen

Nach Geschlecht:

	männlich			weiblich		
Erhebungsjahr:	98	99	00	98	99	00
Zustimmung in %	36,3	36,0	36,9	39,5	33,0	33,4

Nach Altersgruppen:

Altersgruppe	16	17	18	19	20
Zustimmung 1998 in %	46,7	39,9	40,7	36,7	32,7
Zustimmung 1999 in %	37,8	38,3	36,8	35,3	24,8
Zustimmung 2000 in %	38,9	35,5	35,3	38,2	33,9

Nach Konfessionen:

Konfessionsgruppe	Evang.	Kath.	Musl.	And. Konf.	Unge- tauft	Ausgetr.
Zustimmung 1998 in %	31,3	39,2	74,3	52,9	25,4	-
Zustimmung 1999 in %	26,9	33,4	75,0	73,0	14,1	22,6
Zustimmung 2000 in %	26,8	38,9	73,2	58,5	19,7	15,4

- Bekenntnis und Identifikation mit der eigenen Religion stoßen bei beiden Geschlechtern auf ein vergleichbar begrenztes Ja. Auf männlicher Seite sind nur leicht höhere Voten festzustellen.

- Die Zustimmung im Vergleich der Altersstufen signalisiert eine teils wechselhafte, aber generell klar mit dem Alter abnehmende Tendenz. Bekenntnis-Interesse sowie dessen Ablehnung zeigen sich in den meisten Altersstufen während der Erhebungen auffallend schwankend.

- Die konfessionellen Differenzen sind äußerst markant. Für Muslime und die Mitglieder der „anderen Konfessionen" ist das Bekenntnis ein herausragendes Bedürfnis. Alle anderen Gruppen bleiben weit hinter deren Voten zurück. Katholische Jugendliche belegen ein deutlich stärkeres Bekenntnis-Interesse als evangelische. Von den konfessionslosen Befragten hielten 1998 immerhin ein Viertel diesen Themenschwerpunkt für „(sehr) wichtig".

  Das Bekennen zur eigenen Religion ist offenbar vor allem für diejenigen ein besonderer Wert, deren Glaube im Kontext ihres Umfeldes (Klasse, Schule, Betrieb) in der Minderheit ist.

- Die Gegenüberstellung der Berufsgruppen ergibt kein klares Profil. Deutlich wird nur die rapide wachsende Ablehnung des Schwerpunktes mit steigendem Alter.

- Auch die Differenz zwischen Schülern und Auszubildenden bleibt durchgehend und auffällig: so votierten in 1999 von den Schülern 42,7 % und 29,0 % der Auszubildenden für „(sehr) wichtig" bei dieser Thematik.

2.2.6. Gegen Ungerechtigkeiten in der Welt eintreten

Nach Geschlecht:

	männlich			weiblich		
Erhebungsjahr:	98	99	00	98	99	00
Zustimmung in %	69,1	65,6	62,0	80,4	75,1	71,9

Nach Altersgruppen:

Altersgruppe	16	17	18	19	20
Zustimmung 1998 in %	75,2	75,6	79,1	75,4	70,1
Zustimmung 1999 in %	73,6	67,8	73,3	75,4	72,2
Zustimmung 2000 in %	67,9	71,0	68,6	68,1	63,6

Nach Konfessionen:

Konfessionsgruppe	Evang.	Kath.	Musl.	And. Konf.	Unge- tauft	Ausgetr.
Zustimmung 1998 in %	74,3	76,5	84,3	62,2	71,9	-
Zustimmung 1999 in %	70,1	68,7	88,1	69,8	66,0	64,5
Zustimmung 2000 in %	67,6	67,7	78,1	66,3	61,4	61,5

- Wenn insgesamt drei von vier Befragten diese Thematik für den primären Schwerpunkt im BRU halten, so verstärkt sich das Votum nochmals spürbar auf weiblicher Seite. Der Zeitvergleich belegt aber gleichzeitig einen klaren Abwärtstrend. Die Offenheit für soziale Probleme und die Bereitschaft zu emotionalem, politischem und praktischem Engagement zeigt sich in diesen Jahren bei den Jugendlichen als rückläufig.

- Der Querschnitt der Altersgruppen zeigt einen wechselhaften Verlauf. In 1998 liegt die höchste Zustimmung bei den 18-Jährigen, 1999 bei den 19-Jährigen und in 2000 wiederum im 17. Lebensjahr. Durchgehend ist nur die Verringerung der Solidaritätsbekundung mit zunehmendem Alter. Auch innerhalb jeder Altersgruppe zeichnet sich im Vergleich der Erhebungen eine deutlich geringere Quote ab.

- Eine kombinierte Analyse von Altersgruppen und Geschlechtern ergibt teils krasse Differenzen: in 1998 votieren z. B. 86,2 % der 18jährigen weiblichen Befragten für diesen Schwerpunkt gegenüber 71,3 % der männlichen gleichen Alters. Im 20. Lebensjahr allerdings hat sich beiderseits die Zustimmung bei rund 70 % angeglichen.

- Das Votum für diesen Unterrichtsinhalt ist in 1998 und 1999 bei Schülern eindeutig höher als bei Auszubildenden. Dagegen liegen beide Gruppen in 2000 mit 67 % gleich auf. Parallel verläuft der Rückgang der Zustimmung: bei Schülern in der Folge 79 % - 76 % - 67 %, bei Auszubildenden 74 % - 68 % - 67 %. Bei Schülern lässt sich also eine stärkere Abnahme des Interesses beobachten.

- Das Profil bei den Berufsgruppen gestaltet sich recht variabel. Der Zuspruch seitens der Dienstleistungsberufe ist vielfach markant höher als bei den Industrieberufen.

- Die muslimischen Jugendlichen bekunden ein auffallend höheres Interesse bei allen Erhebungen als alle anderen Gruppen. Außer bei den „anderen Konfessionen" liegt in 2000 das Votum sämtlicher Gruppen prägnant unter dem von 1998.

2.3. Wenn es keinen Religionsunterricht gäbe

Fast gleichlautend wurde in den drei Erhebungen gefragt: „Würdest Du es bedauern / etwas vermissen, wenn es keinen Religionsunterricht an Deiner Schule gäbe?". Als Antwortmöglichkeit waren nur die klaren Alternativen JA und NEIN vorgesehen.

Der Vergleich der Mittelwerte:

Erhebungsjahr	1998	1999	2000
Gesamt JA in %	27,5	32,9	28,5
Gesamt NEIN in %	72,5	62,3	67,5

Der vielleicht naiv erscheinende Mut, in dieser direkten Form nach der Akzeptanz und Wertschätzung des BRU zu fragen, spiegelt jedenfalls unzweideutig die reale Zustimmung bzw. Ablehnung zu diesem Fach, die von manchen Kritikern sicher noch gravierender erwartet wurde.

Gerade aber im Kontext der berufsbildenden Schulen, in denen der BRU unter verstärktem Legitimationsdruck steht, markiert das Ergebnis ein vergleichsweise positives Echo. Wenn nämlich erkennbar mehr als ein Viertel aller Befragten diesem Unterricht eine besondere Bedeutung beimessen, sollte dieses zustimmende Votum keinesfalls unterschätzt werden. Zumal der Blick auf die JA-Quote nicht übersieht, dass im Durchschnitt zwei Drittel der Jugendlichen dem BRU so wenig Wichtigkeit (direkte Prüfungsrelevanz?, berufspraktische Nützlichkeit?, lebensbedeutsamer Orientierungswert?, unterrichtliche Effizienz?...) zusprechen, dass sie bei dessen Wegfall auch nichts vermissen.

Dennoch verbergen sich in diesen Zahlen noch einige bemerkenswerte Differenzierungen.

Schon der Geschlechtervergleich zeigt interessante Sprünge:

Erhebungsjahr	1998	1999	2000
JA männlich in %	27,0	34,6	31,0
JA weiblich in %	28,1	31,9	27,0

Das etwas höhere JA auf weiblicher Seite in 1998 wechselt in den Folgejahren auf die männliche und verstärkt sich dort.

Das Nebeneinander der Altersstufen belegt im Zeitvergleich ebenfalls auffällige Wandlungen:

78

Altersstufe:	16	17	18	19	20
1998 JA in %	25,5	27,1	29,8	28,7	27,0
1999 JA in %	35,3	32,4	33,0	32,1	33,0
2000 JA in %	26,3	27,7	24,3	33,2	34,5

- Während in 1998 mit dem Alter eine kontinuierliche Steigerung zu verzeichnen ist, die sich erst ab dem 19. Lebensjahr etwas abschwächt, liegt in 1999 die höchste Zustimmung bei den 16-Jährigen und stabilisiert sich etwas schwächer in den folgenden Jahrgängen. In 2000 ergibt sich (bei einem Zwischentief seitens der 18-Jährigen) wieder ein durchgehendes Anwachsen der Zustimmung zum BRU, der bei den 20-Jährigen seinen Gipfel erreicht.
- Schon diese Differenzierung nach Altersstufen offenbart die Variabilität der Antworten zu dieser Frage, die sich hier zwischen 24,3 % und 35,3 % bewegt!

Auch die Unterscheidung nach Konfessionsgruppen ergibt teils unerwartete Quoten:

Konfession:	Evang.	Kath.	Musl.	And. Konf.	Ungetauft	Ausgetre- ten
1998 JA in %	24,9	33,0	27,3	27,4	21,0	-
1999 JA in %	30,4	37,9	39,9	44,4	18,5	16,1
2000 JA in %	26,2	34,3	33,8	40,3	18,5	17,3

- Die Spanne der Zustimmung zum BRU erstreckt sich bei diesem Vergleich sogar von 16,1 % bis 44,4 %!
- Durchgehend ist das Eintreten für den BRU durch die katholischen Befragten spürbar höher als bei den evangelischen.
- Votieren in 1998 die katholischen Jugendlichen am stärksten für das Fach, so sind es in 1999 und 2000 die Angehörigen der „anderen Konfessionen", deren Votum in 1999 (44,4 %) sogar die absolute Spitze bildet.
- Wenn sogar bis zu 21 % der Konfessionslosen den Ausfall des BRU bedauern, so darf das als ein bemerkenswerter Achtungserfolg gewertet werden.
- Auffällig ist ebenso, dass zwischen 27 % und fast 40 % (!) der Muslime ein klares JA für dieses Schulfach bekunden.

Darüber hinaus zeigt sich, dass der BRU konstant stärker von Schülern als von Auszubildenden geschätzt wird.

Bei den Berufstypen sind im Durchschnitt keine nennenswerten Differenzen zwischen Industrie- und Dienstleistungsberufen auszumachen. Lediglich in Kombination mit den Altersstufen lassen sich sprunghafte Veränderungen beobachten: So ergaben sich z. B. in 1998 bei den 17-Jährigen in den „anderen Industrieberufen" Spitzenvoten bis zu 47 % für den RU.

3. Ein Querblick: Außerhalb der Schule über Religion sprechen

In allen drei Erhebungen wurde gleichermaßen gefragt: „Sprichst Du mit Deinen Freunden oder Freundinnen über religiöse Themen?". In 1998 hieß dann die anschließende Frage: „Wenn >ja, häufig< oder >ja, gelegentlich<: Seid Ihr dabei oft unterschiedlicher Meinung?".

Das Ergebnis – Ja: 55 %, Nein: 45 % – belegt nur erneut, dass es gerade bei Jugendlichen keinen weltanschaulich-religiös flächendeckenden Konsens mehr gibt, der lediglich in Detailfragen Meinungsverschiedenheiten aufkommen lässt. Die Individualisierung jeglicher Welt- und Lebensdeutung hat insbesondere in dieser Generation weithin Fuß gefasst.

Bei den Erhebungen in 1999 und 2000 wurde statt dessen nach den Themen dieser Gespräche gefragt. Erkenntnisleitend war die Annahme, zwischen den für den BRU favorisierten Themen und den außerschulischen religiösen Gesprächen könnten sich erkennbare Beziehungen oder gar Parallelen zeigen.

Die Mittelwerte der drei alternativen Antworten zur erstgenannten Frage ergeben im Vergleich eine weithin konstante Situation:

Sprichst Du mit Deinen Freunden oder Freundinnen über religiöse Themen?	Ja, häufig			Ja, gelegentlich			Nein		
	98	99	00	98	99	00	98	99	00
Antwort in %	4,3	7,7	6,7	46,6	43,8	42,7	49,1	47,8	49,3

Trotz leichter Schwankungen lässt sich feststellen: rund die Hälfte der befragten Jugendlichen spricht wenigstens gelegentlich mit Altersgleichen über religiöse Themen.

Diese summarischen Wertungen erlauben jedoch noch keine unterscheidenden Einblicke hinsichtlich Geschlecht, Altersstufe und Konfession. Für diese Kategorien ergeben sich folgende Differenzierungen:

Sprichst Du mit Deinen Freunden oder Freundinnen über religiöse Themen?	Männlich			weiblich		
	98	99	00	98	99	00
Ja, häufig (%)	3,3	7,3	5,9	5,1	7,9	7,4
Ja, gelegentlich (%)	39,7	31,6	38,1	52,4	37,7	45,9
Nein (%)	57,0	47,4	54,4	42,5	54,5	46,2

Beide Ja-Antworten zeigen markant ein weibliches Übergewicht. Auffällig ist beiderseits ein paralleler Kurvenverlauf im Jahresvergleich: während bei „Ja, häufig" beide Geschlechter in 1999 ein deutlich höheres Votum abgeben, dass sich im Folgejahr (ungleich) abschwächt, so ergibt sich bei „Ja, gelegentlich" in 1999 ein etwas krasserer „Einbruch", der sich in 2000 in vergleichbarem Umfang wieder erholt, auf weiblicher Seite jedoch eindeutig unter dem Wert von 1998 zurückbleibt.

Für die Kategorien *Altersstufe* und *Konfession* ergeben sich in 2000 folgende Differenzierungen:

Sprichst Du mit Deinen Freunden oder Freundinnen über religöise Themen? (2000)	Altersstufe				
	16	17	18	19	20
Ja, häufig (%)	5,3	4,9	6,7	8,2	5,5
Ja, gelegentlich (%)	40,0	40,7	40,3	40,5	52,7
Nein (%)	53,7	53,6	53,0	49,1	41,8

Bemerkenswert ist der spürbare Anstieg bis zum 19. Lebensjahr bei den „häufigen" Gesprächen. Umgekehrt wird der fast konstante Wert „gelegentlicher" religiöser Gespräche erst bei den 20-Jährigen sprunghaft überboten.

Der Vergleich nach Konfessionen in 2000:

Sprichst Du mit Deinen Freunden oder Freundinnen über religiöse Themen? (2000)	Evang.	Kath.	Musl.	Andere Konfess.	Un-getauf-te	Ausgetr etene
Ja, häufig (%)	4,1	4,5	19,4	18,2	4,8	9,6
Ja, gelegentlich (%)	39,4	48,5	48,1	55,8	38,7	30,8
Nein (%)	55,8	45,5	31,9	23,4	55,4	59,6

Dass Muslime und Befragte „anderer Konfessionen" vergleichsweise „häufig" über religiöse Themen sprechen, braucht nicht zu verwundern, eher schon, dass in dieser Kategorie selbst die Konfessionslosen (Ungetaufte/Ausgetretene) ein stärkeres Ja ausdrücken als die evangelischen und katholischen Jugendlichen.

Bei den „gelegentlichen" Gesprächen dominieren klar die „anderen Konfessionen", während einerseits Muslime und Katholiken, andererseits die evangelischen und die ungetauften (!) Befragten nahezu gleich liegen.

Dieses kaum erwartbare Votum der Konfessionslosen für religiöse Themen untermauert die Einsicht, dass eine diesbezügliche Kommunikation nicht primär an konfessionellen Zugehörigkeiten festgemacht werden kann. Offenbar enthalten die weltanschaulichen und moralischen Suchbewegungen der Heranwachsenden ein unleugbar „religiöses" Potential.

Worüber nun sprechen Jugendliche, wenn sie sich außerhalb von Schule und Gemeinde über „religiöse" Themen unterhalten?

In der Rangordnung der Nennungen zeigt sich folgendes Themenspektrum:

	1999	2000
Angaben durch % der Befragten	52	40
Rang		
1	Variable Themen: Gibt es Gott? Leben nach dem Tod? (Nicht-)Wahrheit der Bibel?	Gottes- und Satansvorstellungen
2	Glaubensrichtungen und Rituale der Altersgleichen	Jenseitsvorstellungen
3	Sinnfragen	Tod
4	Bedeutung und Ausleben des eigenen Glaubens	Diverse konkrete Themennennungen
5	Geschichte und Kultur eigener u. fremder Religion(en)	Andere Religionen
6	Aktuelle sozialkritische Themen	Über den Glauben
7	Standpunkt und Weltfremdheit von Kirche und Papst	Islam
8	Persönliches Leben, Familie Freundeskreis	Allgemeine aktuelle Themen
9	Okkultismus, Esoterik	Fragen zu Kirche und Glaube
10	Moral, Normen und Werte der Gesellschaft	Persönliche Glaubensfragen
Weitere Nennungen:	Reinkarnation Atheismus	Kirche; Leben; Übernatürliches; Esoterik; Biblische Themen; Beziehungen der Religionen; Sekten; Religion und Gesellschaft; Endzeitvorstellungen

Wenn auf die Frage auch nur in Stichworten geantwortet wurde, die auf eine dahinter stehende Frageform und -intention nur indirekt schließen lassen, so offenbart die thematische Rangliste dennoch zentrale Interessen der Jugendlichen. Die Fragen nach Gott, Tod, Sinn, Glaube und anderen Religionen bilden eindeutig die Kerngehalte der religiösen Gespräche.

Die Bedeutung der Kirche ist eher sekundär bzw. wird unter negativem Vorzeichen (1999/ 7) angesprochen. Ebenso steht das Interesse an okkulten/esoterischen Themen sowie an moralisch-normativen Fragen erkennbar am Rand.

Vergleicht man die genannten Gesprächsinhalte mit den thematischen Erwartungen an den BRU (siehe oben 2.1.), so lassen sich als parallele Nennungen definitiv ausmachen:

- ein allgemeines Interesse an (der eigenen) Religion,
- ein Bedarf an Austausch über Glaubensfragen,
- die Suche nach Einblicken in fremde Religionen und
- die Auseinandersetzung mit Sinnfragen.

Deutlich expliziter im *privaten* Gespräch wird nach den Gottesvorstellungen, Glaubensansichten und Werthaltungen der eigenen Generation gefragt. Darin drückt sich zwar ein alterstypisches Austausch- und Orientierungsbedürfnis aus, doch belegen diese Ergebnisse auch ein vitales Interessse an weltanschaulichen und religiösen Kenntnissen und Einsichten als Bausteinen zur eigenen Meinungsbildung und Lebensgestaltung.

4. Resümee: Was bedeuten die Ergebnisse für den Berufsschulreligionsunterricht?

4.1. Die Unterrichtspraxis

Sofern inhaltlich und methodisch beim BRU der didaktische Grundsatz der Schülerorientierung gilt – also das unterrichtliche Handeln primär an den jugendlichen Schülern sein Maß findet, statt an Lehrplänen oder anderen normativen Vorgaben – sind die hier erfragten Wünsche und Erwartungen auch beim Wort zu nehmen.

Das bedeutet angesichts des sehr begrenzten Interesses an „Religion" (wenigstens in der erlebten und klischeehaften Diktion) eine konstruktive thematische und begriffliche Beschränkung. Wenn wir es heute bei Jugendlichen weithin mit einem

„religiösen Analphabetismus" zu tun haben, der Religion fast ausschließlich mit deren kirchlicher Gestalt identifiziert, so provoziert das die grundlegende Nachfrage nach Wesen, Sinn, Funktion und Zweck von Religion überhaupt – jenseits der bekannten (und meist nicht mehr zugänglichen und plausibel zu machenden) Muster kirchlicher Traditionen.

Im (scheinbaren) Beiseitelassen aller amtskirchlichen Religiosität und traditioneller Begriffe kann aufleuchten, welche Anliegen Religion bzw. Religiosität beinhalten kann und was (in weiterer Vertiefung) der christliche Glaube bedeuten kann. Wo menschliche Grunderfahrungen zur Sprache kommen dürfen und in ihrer subjektiven Gültigkeit, ihrer teilweisen Unbedachtheit und ihrer pluralen Ausdeutung ernst genommen werden, können sich die existentiellen Fragezeichen als Antwortensuche herauskristallisieren, die nicht mehr nur mit notwendigem Wissen und Fakten zur Sprache gebracht werden können, sondern die vorgängig eine perspektivische, experimentelle und erfahrungsorientierte Behandlung intendieren.

Wo sich andeutungsweise die Erfahrung eines Abgrundes und zugleich eines Konstituiertwerdens in Lebens-Fragen auftut, da kann angemessen von einer „religiösen Dimension", von Religiosität, vom Glauben gesprochen werden. Die Lebenswelten heutiger Jugendlicher sind nicht weniger mit einem „religiösen" Potential angereichert als in früheren Zeiten. Offenheit und Gesprächsbereitschaft über „Gott und die Welt" haben die Befragten hinlänglich bekundet. Und im Wahrnehmen der eigenen Lebenssituation, der gesellschaftlichen Realitäten, ihrer eigenen Nöte und Sehnsüchte sowie der uneingelösten Versprechen und offenen Fragen an ihr Leben sind sie keine Analphabeten.

Ein Religionsunterricht, der die „anthropologische Wende" ernst meint und sich mit den Schüler/inne/n zusammen immer wieder neu auf eine (korrelative) Suchbewegung einlässt, hat gute Chancen auf eine ebenso ernstliche Zustimmung bzw. Nachfrage der Jugendlichen.[110]

---

[110] Vgl. zur grundsätzlichen Reflexion: E. Drewermann, Hat der Glaube Hoffnung? Von der Zukunft der Religion am Beginn des 21. Jahrhunderts, Düsseldorf-Zürich 2000; U. Gerber (Hg.) Religiosität in der Postmoderne, Frankfurt/M. 1998; Th. Luksch/ H. Würdinger (Hg.), Zuerst der Mensch. Erkundungen und Perspektiven für eine zeitgemäße Glaubensvermittlung, München 1999. Zur unterrichtlichen Praxis: R. Jungnitsch, Grenzgänge (Hin-Wege zur Religion 1), Limburg-Kevelaer 2001; ders., Tastversu-

4.2. Zur religionspädagogischen Grundlegung des Faches: Versuch in zehn Thesen

Die religionspädagogische Reflexion der letzten Jahrzehnte hat zunehmend betont, der schulische RU habe seine vorrangige Aufgabe darin, den Kindern und Jugendlichen unmittelbare Hilfestellungen für die Persönlichkeitsentfaltung zu bieten, denn nur auf dem Boden einer gereiften Persönlichkeit könne eine entsprechend gereifte Religiosität wachsen. Damit wird der RU bildungstheoretisch eingebettet in einen umfassenden Bildungs- und Erziehungsauftrag der öffentlichen Schulen. Das gilt in verschärftem Maße für das berufliche Schulwesen, da hier der gesamte allgemeinbildende Unterricht unter einem ständigen Legitimationsdruck steht, der allein in den unmittelbar berufsspezifischen Unterrichtsfächern einen schulischen Nutzen erblickt.

Diese bildungspragmatischen Kurzsichtigkeiten sind um der „Auszubildenden" willen abzuwehren, da alle wie auch immer orientierten „Verkürzungen" des zugrundeliegenden Menschenbildes zugleich nachhaltige Beschneidungen in der beruflichen Qualifizierung und in der individuellen Lebensqualität darstellen.

Darum ist auch an diesem Charakterzug des RU festzuhalten. Dennoch stellt sich die Frage nach einer sachlichen und fachlichen Präzisierung. Von der Identitätsförderung der Jugendlichen reden heißt genauer zu benennen, wie „Identität" verstanden wird und welche spezifischen religionspädagogischen Anteile sich für den RU ausmachen lassen.

In der hier gebotenen Kürze sei dieser Kontext in kurzen Thesen umrissen[111]:

1. Von „Identität" zu sprechen heißt von der begrifflich schwer fassbaren, sich offenbar prozesshaft und plural gestaltenden Form menschlicher Personalität reden. Als Folge dialektischer Vermittlung bleibt sie immer fragmentarisch und unabgeschlossen. Kein Mensch kann als (für sich und andere) völlig transparent und selbstmächtig gelten. Faktisch verfügt jeder über eine wechselnde Identität.

2. In der aktuellen Bildungstradition wirkt immer noch das Menschenbild der Aufklärung nach. Dieses Bildungsideal sieht den Menschen als ein autonomes, vernunftgeleitetes und mit sich selbst identisches Subjekt. Sofern jedoch realistischer von einer

---

che (Hin-Wege zur Religion 2), Limburg-Kevelaer 2001; R. Sauer, Mystik des Alltags. Jugendliche Lebenswelt und Glaube, Freiburg/Br. 1990.
[111] Vgl. R. Jungnitsch, Identitäten und Identifikationen, in: rabs 3/1999, 67-72; N. Mette, Art. „Identität" in: LexRP 847-854, Neukirchen-Vluyn 2001; H. Keupp/R. Höfer (Hg.), Identitätsarbeit heute. Klassische und aktuelle Perspektiven der Identitätsforschung, stw1299, Frankfurt/M. 1997.

„multiplen Identität" jedes Einzelnen gesprochen werden muss, kann eine Identitätsbildung im bisherigen Sinne nicht mehr *primäres* Ziel des RU sein.

Entlarvten sich die in der Pädagogik wirksamen Indentitätskonzepte inzwischen
mehr als normative und funktional gebrauchte Theorien von Erwachsenen gegenüber einer postmodernen Jugend, so haben sie ihren pädagogischen Orientierungswert im Zeitalter der „Patchwork-Identitäten" endgültig eingebüßt.

3. Eine negative Einschätzung der aktuell beobachtbaren Bastelmentalität in Sachen
Identität nimmt deren existentielle Dynamik jedoch nicht ernst. Denn auch dieses Ba-
steln am Ich muss als Arbeit begriffen werden, die ja nicht an ein definitives Ende
kommt. Der Akt subjektiver Aneignung ist ein produktiver Vorgang, ohne den Identitätsbildung nicht vollziehbar ist. Dies gilt erst recht für eine religiöse Identität, denn
schon die etymologische Wurzel von „religio" hebt den Wahlcharakter und die Ausrichtung an grundlegenden Bedürfnissen hervor: *relegere* = sich immer wieder hin-
wenden, auf etwas Besonderes achten; *religari* = sich binden, gebunden sein; *reeli-
gere* = erneut wählen. Woran binden wir uns? Wovon lassen wir uns binden? Welchen und wessen Versprechen geben wir Gewicht?

4. Der „Zwang zur Subjektivität" zeigt sich doppelgesichtig. Er legt zugleich die sogenannte „Krise neuzeitlicher Subjektivität" offen: Wenn der Einzelne zum Ausgangs-
und Angelpunkt aller Identitäts- und Sinngebung wird, führt dies notgedrungen in eine Aporie zwischen Allmachtswahn und Ohnmachtsgefühl.

5. Statt der Fixierung auf die Identität der Heranwachsenden sollte dem RU daran
gelegen sein, die Jugendlichen „zu befähigen, sich in der Welt unabhängig von herr-
schenden Denkmustern und Sprachspielen orientieren und verständigen zu können"
(aus den „Loccumer Thesen").

Allgemeine Zielbestimmung und Bildungsverständnis des RU ist eine „Lebensfüh-
rungs-Kompetenz" im Kontext postmoderner Pluralität. Gerade die Perspektive einer
„multiplen Identität" verlangt die Wahrnehmung von Übergängen und Differenzen, als
auch „sich von sich selbst unterscheiden zu können" (Meyer-Blanck). Anzustreben ist
die Fähigkeit, andere Menschen (Mitarbeiter, Kunden, Vorgesetzte usw.) ihrerseits in
deren Sinn- und Wertorientierungen verstehen zu können. Es geht darin nicht zuletzt

um den Respekt (Meyer-Blanck benennt es sogar „Ehrfurcht") vor der Religion der Anderen als Voraussetzung eines gelingenden Miteinanders.

6. Programmatisches Anliegen des RU ist also die Schärfung der Wahrnehmungs- und Deutungskompetenz bezüglich der Mitwelt und der eigenen Existenz. Sein wirklichkeits-erschließendes und lebensdienliches Potential erweist er z. B. in der Thematisierung des konstitutiven Wahlzwangs: Ist die Anforderung unumgänglich, dass ich mich als Individuum dauernd selbst rechtfertigen muss? Wie könnte ich mich unter der Perspektive verstehen, dass ich mich nicht mir selbst verdanke? Dem Paradigma der totalen Selbstkonstruktion steht das biblische Modell der Personen- würde im Kontext verantworteter Beziehungen zu Gott und aller geschöpflichen Mit- welt gegenüber. Daraus entfaltet der RU seinen kritisch-konstruktiven Beitrag inner- halb der „Krise der Moderne".

Der Glaube stärkt den „Mut, Unsicherheiten auszuhalten" (Peter L. Berger), statt sich im Relativen absolut absichern zu wollen.

7. Die Absicht des RU ist nicht die „Installation" des christlichen Glaubens; dieser ist bestenfalls in seinen formalen Gestaltungen lehr- und lernbar, nicht jedoch als unmit- telbares Ergriffensein vom Anspruch des Unbedingten. Das Angebot des RU ist ein perspektivisches: Was es für die Selbst- und Weltwahrnehmung bedeuten kann, wenn das „Gottesgerücht" (Paul M. Zulehner) zutrifft. In der umfassenden und sys- tematischen Entfaltung dieser „hypothetischen Deutungsperspektive" liegt sein dia- gnostisches und korrektives Potential, das sich auf elementare menschliche Sehn- süchte und Erfahrungen bezieht (Korrelation).

Der RU gewinnt sein Profil durch den kritischen Blick auf die gesellschaftlich real vermittelte Religion. Dies beinhaltet eine kritische Haltung nach allen Seiten, d. h. gegenüber Einseitigkeiten, Ideologisierungen und Fehlformen kirchlich vermittelter Religiosität sowie gegenüber allen pseudoreligiösen und säkularen Lebenspraktiken und Weltdeutungen.

Für den BRU bedeutet das u.a. die je neue Suche nach einer auch berufsfeldbe- zogenen religiösen Bildung, die sich z. B. nicht in einer kontraproduktiven Gesell- schafts- oder Kapitalismuskritik erschöpfen darf. Die anvisierte Lebensführungskom- petenz gestaltet sich am Arbeitsplatz als Fähigkeit, auf die Sinn- und Werthaltungen anderer Menschen eingehen zu können bzw. die moralischen Herausforderungen einer gegebenen Situation sowie des eigenen und fremden Handelns zu erfassen. Das setzt die Arbeit an der eigenen Einstellung voraus, macht sie aber nicht zum (unterrichtlichen) Ziel.

8. Der (explizit christliche) Glaube der Jugendlichen (und der Lehrkraft?) ist zwar nicht Ziel, aber korrelativer Hintergrund und motivierender Antrieb für den BRU. Der Glaube bildet. In dieser Ausgangslage ist er eben nicht universalistisch ausgelegt, sondern stets konkret einer empirischen Glaubenstradition zugeordnet. Das ist seine konfessorische und damit konturierende Prägung, die jedoch nicht zu einer konfessionellen Engführung funktionalisiert werden darf. Die Konfessionalität des RU wird auch dann vollgültig gewahrt, wenn sie sich ausschließlich an der lehrenden Person festmacht, da sich in ihr (in Verbindung mit dem kirchlich mitverantworteten Lehrplan) die jeweilige konfessionelle Glaubenstradition konkretisiert.[112]

9. Da der Vollzug von Wertungen menschlich unumgänglich ist, also zu unserer Subjektivität konstitutiv dazugehört, kann BRU nicht aus einer vermeintlich wertneutralen Perspektive realisiert werden. Hermeneutisch kann es einen quasi wertfreien, objektiven Standpunkt „außerhalb", der nur neutral informieren will, nicht geben. Einen konkreten Standpunkt und ein inhaltlich orientiertes Bekenntnis kann faktisch niemand umgehen, bestenfalls verschleiern. Verfehlt ist zur Legitimierung des RU jedoch auch ein übertriebenes Schielen auf die formal-juristische Absicherung dieses Unterrichtsfaches in der Verfassung. Die legitime Berufung auf Art. 7,3 GG bedarf zu ihrer Plausibilität des bildungstheoretischen Diskurses.

Ein BRU, der nicht die Gestalt zeitgeschichtlicher Herausforderungen trägt, um darin je neu seine schulpädagogische und bildungstheoretische „Identität" zu finden, suspendiert sich selbst von der Möglichkeit, – theologisch gesprochen – den „allgemeinen Heilswillen Gottes" (vgl. Titus 2,11 und 1 Petrus 3,15) situationsgemäß vertreten zu können.

---

[112] Vgl. zu dieser Diskussion R. Ehmann u.a. (Hg.), Religionsunterricht der Zukunft. Aspekte eines notwendigen Wandels, Freiburg/Br. 1998; R. Sauer/R. Mokrosch (Hg.), Ökumene im Religionsunterricht. Glaubenlernen im evangelisch-katholischen Dialog, Gütersloh 1994; R. Schlüter, Konfessioneller Religionsunterricht heute? Darmstadt 2000; N. Scholl, RU 2000. Welche Zukunft hat der Religionsunterricht? Zürich 1993. Unterrichtspraktisch: U. Heinemann/ J.Friedrichsdorf (Hg.), Wege miteinander. Konfessionelle Kooperation in der Schule. Modelle und Beispiele, München-Stuttgart 1999.

10. Die konfessionelle „Identität" der Religionslehrer und der Religionslehrerinnen besteht in der größtmöglichen Identifikation mit der Glaubenslehre der je eigenen Tradition, der „Sache Gottes", jedoch nicht in einer Totalidentifikation mit der verfassten Kirche.

Peter Höhmann

Religiöse Orientierungen von Jugendlichen an berufsbildenden Schulen

1. Vorbemerkung

Das Thema dieses Abschnitts: religiöse Orientierungen von Jugendlichen an berufsbildenden Schulen, ist aus unterschiedlichen Gründen von Interesse:

- Erfragt wurden die Einstellungen von Jugendlichen und jungen Erwachsenen, die sich entschieden haben, am Religionsunterricht teilzunehmen. Diese Schüler befinden sich in einer Lebenssituation, in der sie den Übergang von der Herkunftsfamilie in die Erwachsenenwelt vollziehen. Die Verbindung dieser Alltagssituation mit den religiösen Orientierungen soll hier beschrieben werden.
  Mir geht es mit diesem Schwerpunkt nicht darum, dem Religionsunterricht in verkürzter kausaler Zuordnung eine Funktion für die Persönlichkeitsbildung zuzusprechen, sondern zu fragen, auf welche Grundeinstellungen und Bedarfe ein solcher Unterricht stößt.
- Mit Blick auf Lebensstil und Alltagskultur gehören die Jugendlichen zu einer Gruppe, die üblicherweise durch besondere Distanz zur organisierten Religion gekennzeichnet ist. Zu fragen ist vor diesem Hintergrund, ob und wie Unterricht und religiöse Orientierungen verknüpfbar sind.

Auf beide Fragen wird im folgenden mit dem Material der Studie eingegangen. Im Sinne der religionssoziologischen Debatte zum Religionsbegriff werden auch hier verschiedene Aspekte religiöser Deutungen voneinander getrennt und in einem ersten Darstellungsschritt einzeln beschrieben. In diesem Sinne werden drei Dimensionen unterschieden:

- Gottesglaube
- Religion und Alltagskommunikation
- Glaube an ein Leben nach dem Tod

Im Folgenden werden diese Aspekte näher untersucht. Die Daten werden im Zusammenhang mit der Mitgliedschaft in den christlichen und außerchristlichen Religionsgemeinschaften gestellt und, soweit der Erhebungsbogen dies zulässt, in den Verbindungen zu den jeweiligen Lebenslagen interpretiert.

Die Schwerpunkte der Erhebung nehmen auf diese Weise auch Bezug auf die üblicherweise als individualistisch beschriebenen religiösen Haltungen der Jugendlichen. Wenn dies geschieht, soll jedoch nicht eine Position eingenommen werden, die Individualismus mit der freien Selbstentfaltung einzelner verwechselt, so wie dies vielfach geschieht. Die gesellschaftlich zugewiesenen Rollenidentitäten werden bei einer solchen Sicht ausgeblendet. Sichtbar bleiben bei einer solchen Sicht nur noch die Selbstdarstellungen.

Mit Blick auf die gesellschaftliche Situation, die individualisierte religiöse Haltungen erzeugt, ist der Verweis auf ganz unterschiedliche Veränderungen angebracht: Wenn die soziale Kontrolle der Mitgliedschaft in Religionsgemeinschaften nicht aufrechterhalten werden kann, stellt sich besonders für die christlichen Kirchen die Frage der Zugehörigkeitskriterien neu. Zu beobachten ist hier im Augenblick ein Wechselbezug zwischen einer Restrukturierung der Organisation bei gleichzeitiger großer Offenheit der Mitgliedschaftskriterien. Individuell fächert diese Spannung religiöse Deutungen auf und stellt sie zugleich frei.

Von Bedeutung ist in diesem Zusammenhang weiter der Tatbestand, dass die christlichen Überzeugungen in der Gesellschaft selbst relativiert werden. In den Worten von Werner Dubiel: "In Gesellschaften, in denen die Pluralität von Lebensformen und die Relativität der eigenen Kultur zu einer Durchschnittserfahrung des Alltagsmenschen geworden ist, müssen jene Quellen gesellschaftlicher Gemeinschaftlichkeit versiegen, die dem traditionellen Gestein einer *Kultur der Ähnlichkeit* entsprangen."[113] Dieser Vorgang ist mit zwei Konsequenzen verbunden: Für die religiösen Gemeinschaften bedeutet er, dass Integration nicht mehr auf Homogenität angelegt sein kann; es sei denn, Mitglieder selbst schließen sich ab und wollen die mit dem Vergemeinschaftungsproblem angelegte Spannung nicht mehr konstruktiv gestalten.

Während auf die strukturellen Effekte nur hingewiesen werden soll, um die ganz unterschiedlichen Entscheidungen der Jugendlichen, die diese zu religiösen und kirchlichen Themen einnehmen, einzuordnen, bilden subjektive Handlungskonsequenzen einen wichtigen Bezugspunkt für die Dateninterpretation dieser Studie ab.

Die dominanten Anpassungsformen, die sich auf der hier nur angedeuteten Grundlage entwickeln, sind fragmentierte, situationsbezogene Deutungen zu einzel-

---

[113] Helmut Dubiel: Zivilreligion in der Massendemokratie, in: Soziale Welt 2 (1990), S.169.

nen Lebensausschnitten. So können ganz verschiedene Alltagssituationen oder existentielle Fragen des Lebens religiös gedeutet werden. Aber: Die Deutungsausschnitte werden nicht integriert. Zugleich dominieren Verarbeitungsformen, bei denen die individuelle Wahl relativiert wird: Das eigene Handeln kann so sein, wie es die Person gewählt hat, es ist aber auch eine andere Wahl möglich.

Die gesellschaftlich nahegelegten Anpassungsformen, situationale Deutungen und Relativierung religiöser Themen werden im Wesentlichen unter dem Stichwort „religiöser Indifferenz" (F.X. Kaufmann) verhandelt. Indifferenz in diesem Sinne ist nicht als frei gewählte Haltung zu verstehen und unterscheidet sich auch von den früheren agnostischen Orientierungen. Hier geht es im Wesentlichen um den aktiven Bezug auf einen pluralen sozialen Alltag, unter dem sich verschiedene kulturelle Bewusstseinsgemeinschaften bilden, die versuchen, ihre Wirklichkeitsausschnitte zu definieren und durchzusetzen.

Im folgenden empirischen Teil will ich vor allem beschreiben, inwieweit die befragten Jugendlichen eine indifferente Haltung einnehmen. Die Fokusierung auf dieses Thema steht in einem engen Zusammenhang mit den Aufgaben des Religionsunterrichts, die an anderer Stelle verhandelt werden. Wenn die vorherrschende Haltung der Schüler als Indifferenz, nicht zu verwechseln mit Gleichgültigkeit, beschrieben werden kann, bleibt die religiöse Orientierung der Schüler von umfassenden Weltdeutungen entkoppelt. Darüber hinaus kann dem Unterricht nicht die Aufgabe der Wertevermittlung zukommen. Diese ist vielmehr vorausgesetzt und Weltdeutungen gehen in die indifferenten Haltungen ein.

2. Dimensionen religiöser Orientierungen bei den Jugendlichen

2.1. Gottesglaube
In Anlehnung an die zur Zeit standardmäßig erhobenen Themenschwerpunkte größerer Vergleichsstudien wurde in dem kurzen Fragebogen zunächst nach dem Gottesglauben gefragt. Zu dieser Frage äußerten sich die Schüler in den drei Befragungswellen wie folgt:

Darstellung 1: Gottesglaube in der Gesamtbefragung

	Häufigkeit	Prozent
Gottesglaube ohne Zweifel1	1378	21,3
Gottesglaube mit Zweifel	2004	30,9
Glaube an höhere Macht	1841	28,4
Kein Glaube	1113	17,2
Keine Angabe	140	2,2
Gesamt	6476	100,0

Die in der Tabelle sichtbare Verteilung entspricht dem Bild, das auch aus anderen Erhebungen bekannt ist. Zwar kreuzen etwa in der EKD-Erhebung „Fremde Heimat Kirche" die evangelischen Kirchenmitglieder mit 66 % etwas eher die beiden ersten Antwortkategorien an[114], die aufgeführten Differenzen lassen sich jedoch leicht auf den jüngeren Befragtenkreis beziehen. Mit Blick auf den Glauben an Gott repräsentieren die Schüler an berufsbildenden Schulen Positionen, wie sie durchgängig in der Gesellschaft zu finden sind. Auffälliger sind die Unterschiede, wenn die Antworten zusätzlich nach der Religions- und Konfessionszugehörigkeit aufgegliedert werden:

Darstellung 2: Gottesglaube nach Religions- und Konfessionszugehörigkeit (in %)

Gottesglaube		Konfession/Religionszugehörigkeit					Gesamt
		Andere	ev	rk	Muslime	Keine/ ungetauft	
	Glaube nicht genannt	22,5%	21,1%	12,7%	4,3%	42,9%	19,4%
	Glaube an höhere Macht	17,9%	32,6%	29,9%	3,7%	35,2%	28,4%
	Glaube genannt	59,6%	46,3%	57,4%	92,0%	21,9%	52,2%
Gesamt	Gesamt	436	2632	2101	587	720	6476
		100,0%	100,0%	100,0%	100,0%	100,0%	100,0%

Die Daten verweisen auf drei Besonderheiten:

- In der konfessionellen Aufgliederung zeigt sich, dass die Mitglieder der katholischen Kirche eher die beiden ersten Kategorien ankreuzen, nämlich „Ich bin fest davon überzeugt, dass es Gott wirklich gibt und habe daran keinen Zweifel" und „Obwohl ich Zweifel habe, glaube ich doch an Gott". 57,4 % der katholischen und 46,3 % der evangelischen Jugendlichen haben diese Angaben gemacht.

- Zum Zweiten zeigt sich inhaltlich ein massiv eigenständiges Bild bei den Muslimen, die am Religionsunterricht ihrer berufsbildenden Schule teilnehmen.

---

[114] Klaus Engelhardt, Hermann von Loewensch, Peter Steinacker (Hrsg.): Fremde Heimat Kirche. Gütersloh 1997, S. 411.

92% haben die beiden ersten Antwortalternativen angegeben. Die erste Antwortalternative, Sicherheit im Glauben an die Existenz Gottes, haben 77,3 % der Befragten gegenüber 18,4 % bei den Katholischen 10,6 % bei den Evangelischen angegeben. Sicherheit im Glauben kommt interreligiös eine unterschiedliche Bedeutung zu. Charakteristisch für die Resultate dieser Befragung, wie auch für die Haltung in der BRD generell, sind die indifferenten und eher unsicheren Antworten bei der Frage nach dem Glauben an Gott.

• Schließlich wird deutlich, dass Konfessionslosigkeit nicht mit einer atheistischen oder auch areligiösen Haltung verwechselt werden darf. Ein großer Teil der Konfessionslosen teilt die ambivalente Haltung der Kirchenmitglieder.

Die weitere Aufgliederung der Frage nach dem Gottesglauben im Hinblick auf sozialstatistische Merkmale zeigt nur geringe Unterschiede. In den Städten sind die Prozentwerte etwas niedriger, Frauen weisen etwas höhere Werte auf. Aufgrund der altersmäßigen Homogenität der untersuchten Gruppe fallen die Differenzen nach dem Lebensalter ebenfalls nicht ins Gewicht.

Bezieht man sich für die weiteren Aufgliederungen auf die Zuschreibungen, die gegenwärtig über Jugendliche geäußert werden, so ist es sinnvoll, zwei weiteren Zusammenhängen genauer nachzugehen. Ausgehend von der vermuteten Anfälligkeit von Jugendlichen für esoterische Praktiken, ist danach zu fragen, ob und wie diese Akzeptanz mit dem Gottesglauben verbunden ist. Ausgehend von der als individualistisch beschriebenen Jugendkultur ist weiter zu prüfen, ob die damit verbundenen Werthaltungen und Standards Einfluss auf den Gottesglauben und die Religiosität von Jugendlichen haben.

Unter dem ersten Schwerpunkt wurde für zwei solcher Praktiken geprüft, wie Akzeptanz und Gottesglaube miteinander verbunden sind. Gegenübergestellt werden Jugendliche, die damit einverstanden sind, die Heilkraft von Steinen und anderen Gegenständen zu nutzen, bzw. die sich auf Heilerfahrungen durch Atemtechniken und andere Körpererfahrungen beziehen.

Die Zusammenhänge mit dem Gottesglauben werden in Tabelle 3 dargestellt.

Darstellung 3: Gottesglaube und Akzeptanz esoterischer Praktiken (in %)

Gottesglaube	Keine (geringe) Akzeptanz	Akzeptanz	Insgesamt
Glaube genannt	51,5%	54,0%	52,3%
Glaube an höhere Macht	26,6%	32,7%	28,4%
Glaube nicht genannt	21,9%	13,3%	19,3%
Gesamt	4543	1933	6476
	100,0%	100,0%	100,0%

Darstellung 3 liegt ganz auf der Linie von empirischen Befunden, die alle darauf hinweisen, dass die Zustimmung zu esoterischen Praktiken als akzeptierte Deutungsformen und akzeptierte Formen individueller Problemlösung dem Glauben an Gott keineswegs entgegensteht. Vielmehr lässt sich eine Akzeptanz von quasi-religiösen und esoterischen Praktiken innerhalb wie außerhalb des „traditionellen" Gottesglaubens festhalten.

Die vielfach beschworene Gefahr devianter Glaubenspraktiken erhält im Umgang mit Jugendlichen eine eigentümliche Gestalt: Kritik an der Moderne – verhandelt als zunehmende Individualisierung – Rückzug aus den bestehenden Religionsgemeinschaften und Anfälligkeit sind als vorgebliches Gefährdungsargument miteinander gekoppelt. Die Auflösung dieses Musters zeigt zwar zunächst die recht geringe Glaubensbindung an. Sie ist in ihrer Ausprägung jedoch nicht auf eine besondere Altersgruppe oder Lebenslage zu beziehen und steht in keinem Zusammenhang mit wahrgenommenen „Alternativen" zur verfassten Religion.

Der oben dargestellte Zusammenhang lässt sich in gleicher Weise für unterschiedliche Religions- und konfessionelle Zugehörigkeiten sichtbar machen, wie aus der weitergehenden Aufgliederung hervorgeht:

Darstellung 4: Gottesglaube und Akzeptanz esoterischer Praktiken nach Zugehörigkeit unterschiedlicher Religionsgemeinschaften und Konfessionen (in %)

Zugehörigkeit	Gottesglaube	Keine Akzeptanz	Akzeptanz	% insg
Andere Rel-Zugehörigkeit	Glaube genannt	63,8%	48,8%	59,6%
	Glaube an höhere Macht	14,9%	25,6%	17,9%
	Glaube nicht genannt	21,3%	25,6%	22,5%
	Gesamt	315	121	436
Ev	Glaube genannt	45,8%	47,7%	46,3%
	Glaube an höhere Macht	30,5%	38,5%	32,6%
	Glaube nicht genannt	23,8%	13,8%	21,1%
	Gesamt	1921	711	2632
Rk	Glaube genannt	55,9%	60,8%	57,4%
	Glaube an höhere Macht	29,4%	31,1%	29,9%
	Glaube nicht genannt	14,7%	8,2%	12,7%
	Gesamt	1441	660	2101
Muslime	Glaube genannt	91,4%	93,0%	92,0%
	Glaube an höhere Macht	3,0%	5,1%	3,7%
	Glaube nicht genannt	5,6%	1,9%	4,3%
	Gesamt	372	215	587
Ohne Konfession	Glaube genannt	23,1%	19,5%	21,9%
	Glaube an höhere Macht	28,7%	49,1%	35,1%
	Glaube nicht genannt	48,2%	31,4%	42,9%
	Gesamt	494	226	720

Die weitergehende Aufgliederung der Darstellung 4, die den Gottesglauben zusätzlich nach der Religions- und Konfessionszugehörigkeit der Befragten unterteilt, verweist zunächst noch einmal auf die gesamte Beziehung: Gottesglaube und die Überzeugung, Steine besäßen Heilkraft oder es sei möglich, durch Atemtechniken zu heilen, schließen sich keineswegs aus, sondern sind im wesentlichen voneinander unabhängig. Eine Sonderstellung nehmen nur die „sonstigen Religionsgemeinschaften" ein.

Zwischen den verschiedenen Religions- und konfessionellen Gemeinschaften gibt es jedoch Unterschiede; sie berühren besonders die Angaben, die in Differenz zum Gottesglauben formuliert wurden: „Ich glaube, dass es eine höhere geistige Macht gibt" und „Ich glaube weder an Gott, noch an eine geistige Macht". Die hier eher als indifferent verstandene Aussage, die sich in ihren Überzeugungen nicht festlegt, ist tendenziell stärker mit einer größeren Akzeptanz esoterischer Praktiken verbunden, die Zurückweisung der Glaubensfrage schließt in der Interpretation der Befragten zugleich Überzeugungen ein, denen eine quasi-religiöse Bedeutung zugeschrieben wird. Entsprechend sind die Prozentunterschiede bei den Schülern berufsbildender Schulen, die keine Religion oder Konfessionszugehörigkeit angeben, besonders ausgeprägt.

Der zweite Schwerpunkt ist, wie oben erwähnt, besonders auf die Zusammenhänge zwischen dem Gottesglauben und einer individualistischen Lebensorientierung gerichtet. Das Orientierungsmuster wurde über die Zustimmung zu der Aussage
gemessen: "Das Leben hat nur Sinn, wenn ich ihm selbst einen gebe".

Darstellung 5: Gottesglaube und individuelle Lebensorientierung (in %)

Gottesglaube	Sinn nicht nur selbst herstellbar	Sinn nur selbst herstellbar	Gesamt
Glaube genannt	63,1%	49,9%	52,2%
Glaube an höhere Macht	18,9%	30,4%	28,4%
Glaube nicht genannt	18,0%	19,6%	19,3%
Gesamt	1128	5348	6476
%	100,0%	99,9%	99,9%

Die Tabelle verweist auf zwei bemerkenswerte Tendenzen:

- Sie zeigt erstens, dass die Auffassung, der Lebenssinn werde selbst hergestellt, die weit verbreitete Mehrheitsauffassung ist. Der Individualismus, der mit
  dieser Vorstellung verbunden ist, bezieht sich jedoch nicht zwingend auf die
  populären Vorstellungen einer individualisierten Gesellschaft; er ist eher mit
  den Wertstandards „Handlungsautonomie" und „Verantwortung" gekoppelt.

- Vor diesem Hintergrund dieses Verständnisses ist es nicht erstaunlich, wenn
  eine individualisierte Lebensauffassung nicht mit der persönlichen Ablehnung
  des Glaubens an Gott verbunden ist. Während der etwas stärkere Gottesglaube bei den Jugendlichen, die die Aussage ablehnen, erwartet werden
  kann, sind darüber hinausgehend die unterschiedlichen Prozentanteile bei den
  Befragten von Interesse, die sich nicht eindeutig zustimmend oder ablehnend
  geäußert haben. Zu einer individuellen Lebensauffassung gehört, dass die
  grundlegenden Entscheidungen offen bleiben können. Wenn diese auch so
  sein können, wie man selbst denkt, so kann es doch auch anders sein. Die eigene Position wird relativiert und nicht gegenüber anderen kontrastiert.

Indifferenz in dem genannten Sinne wird typischerweise als Teil städtischer Kultur
verstanden, so dass ergänzend gefragt werden kann, ob in den urbanen Räumen die
Akzentuierung eines individuellen Sinns die beschriebenen Zusammenhänge noch
verstärkt.

Darstellung 6: Gottesglaube und individuelle Lebensorientierung in städtischen und ländlichen Räumen (in %)

	Gottesglaube	Sinn nicht nur selbst herstellbar	Sinn nur selbst herstellbar	Gesamt
Großstadt	Glaube genannt	66,5%	51,9%	54,5%
	Glaube an höhere Macht	15,2%	29,4%	26,9%
	Glaube nicht genannt	18,3%	18,6%	18,6%
	Gesamt	493	2286	2779
Übrige Rhein-Main Region	Glaube genannt	55,6%	46,8%	48,2%
	Glaube an höhere Macht	22,2%	31,2%	29,8%
	Glaube nicht genannt	22,2%	22,0%	22,1%
	Gesamt	117	622	739
Landregionen	Glaube genannt	56,3%	49,7%	50,6%
	Glaube an höhere Macht	31,3%	31,9%	31,8%
	Glaube nicht genannt	12,5%	18,4%	17,6%
	Gesamt	48	310	358

Aus der Darstellung 6 ist zu entnehmen, dass mit der regionalen Aufgliederung die grundlegenden Zusammenhänge zwar erhalten bleiben, gerade in der als „indifferent" bezeichneten Position zeigen sich jedoch die stärksten Abweichungen. Die ablehnende Aussage: „Ich glaube weder an Gott, noch an eine höhere geistige Macht" ist in den Ballungsräumen unabhängig von der Selbstzuschreibung von Lebenssinn. Auf dem Land gilt dies jedoch nur mit Einschränkungen – auch wenn die Prozentunterschiede mit 12,5 % gegenüber 18,4 % der befragten Jugendlichen nicht besonders beeindruckend sind. In der Großstadt und dem Ballungsraum Rhein-Main ist die Zustimmung zu der Aussage „Das Leben hat nur Sinn, wenn ich ihm selbst einen gebe" dagegen mit einer Tendenz verbunden, religiöse Positionen zu relativieren. Am Gottesglauben wird nicht mehr so stark die Auseinandersetzung um ein Weltbild demonstriert, sondern die eher neutrale Haltung, die Alternativen nicht aus-, sondern einschließt.

Fasst man diesen Abschnitt zusammen, so unterstreicht er in erster Linie die Relativierung religiöser Weltbilder. Hierbei handelt es sich jedoch nicht um eine Besonderheit, die in berufsbildenden Schulen markant hervortritt, sondern um einen allgemeinen gesellschaftlichen Vorgang, der jedoch mit Konsequenzen auch für den Religionsunterricht verbunden ist. Fragt man nämlich vor dem Hintergrund der Diskussionen um die Ausrichtung dieses Faches, inwieweit eine konfessions- und glaubensbezogene Orientierung auf die Akzeptanz der Schüler trifft, so zeigt sich, dass nur eine Minderheit eine solche Richtung stützen würde.

Darstellung 7: Zustimmung, Neutralität und Ablehnung gegenüber einem glaubensbezogenen Religionsunterricht nach der Konfessionszugehörigkeit (in %)

Einstellung zu einem glaubensbezogenen Religionsunterricht		Konfession/Religionszugehörigkeit				
		Andere	ev	Rk	Muslime	Keine/ ungetauft
	Zustimmung	13,5%	7,3%	13,3%	25,0%	3,2%
	Neutralität	74,8%	76,4%	77,4%	72,7%	73,7%
	Ablehnung	11,7%	16,2%	9,2%	2,2%	23,1%
Gesamt	Gesamt	436	2632	2101	587	720
	% von Konfession	100,0%	100,0%	99,9%	99,9%	100,0%

Darstellung 7 greift die genannte Handlungsfolge auf, indem danach gefragt wird, wie die Jugendlichen ihren persönlichen Glauben und die Ausrichtung des Religionsunterrichts miteinander in Verbindung setzen. Für die Einstellung zu einem glaubensbezogenen Religionsunterricht werden drei Antworten miteinander verbunden: Befragte, die an Gott glauben, den Religionsunterricht als Fach akzeptieren und ihn im Sinne eines bewussten Bekenntnisses ausgerichtet wissen wollen. Die Gegenposition derjenigen, die den Religionsunterricht nicht als Fach akzeptieren und ihn im Sinne eines bewussten Bekenntnisses ablehnen; schließlich als drittes die übrigen Antwortmuster. Die Angaben sind sehr eindeutig und können auch in der Differenz zu den Angaben zum Gottesglauben gelesen werden, den Darstellung 2 wiedergibt. Die eindeutige Gegenüberstellung, hier ein bekennender Religionsunterricht, dort die Zurückweisung von Gegenstand, Themen und Inhalten, findet sich kaum in einer ausgeprägt kontrastierten Form. Anzumerken ist nicht nur die Dominanz einer neutralen Haltung bei allen Religionsgruppen, sondern zugleich der Sachverhalt, dass auch unter den eher als religiös einzustufenden Jugendlichen sich nur etwa jeder 5. für einen bewusst bekennenden Religionsunterricht ausspricht. Diese Haltung gilt durchgängig und ist nicht auf eine einzelne Gruppe beschränkt.

2.2. Glaubensfragen im Alltag der Jugendlichen und Gespräche über religiöse Themen

Die Beschreibung religiöser Orientierungen wird ergänzt, wenn auch der zweite Themenschwerpunkt mit herangezogen wird. Der Erhebungsbogen enthält hierzu zwei Fragen. Zunächst geht es um die Zustimmung oder Ablehnung der Aussage: „Mein Glaube gibt mir eine Sicherheit im Alltag, die ich sonst nicht hätte". Als zweiter

Gesichtspunkt wurde danach gefragt, ob und wie intensiv religiöse Themen mit den eigenen Freunden besprochen werden.

Der erste Bereich verbleibt in einem individuellen Deutungsmuster, der zweite fragt danach, ob religiöse Fragen im persönlichen Kontaktkreis außerhalb eines vorgegebenen Raums wie der Kirche oder der Schule kommuniziert werden.

Die Zusammenhänge zum ersten Thema machen deutlich, dass der Glaube an Gott und der Glaubensbezug im Alltag der befragten Schüler nicht besonders eng miteinander gekoppelt ist. Die Aufgliederung nach den einzelnen Religionsgemeinschaften und Konfessionen lässt das folgende Bild erkennen:

Darstellung 8: Beurteilung der individuellen Glaubenssicherheit im Alltag nach Gottesglaube und Zugehörigkeit unterschiedlicher Religionsgemeinschaften und Konfessionen (in %)

| Konfession | Glaubenssicherheit | Gottesglaube | | | % insg |
		Glaube genannt	Glaube an höhere Macht	Glaube nicht genannt	
Ev	Ja	41,2%	15,6%	5,0%	25,2%
	Nein	58,8%	84,4%	95,0	74,8%
	Gesamt	1218	859	555	2632
Rk	Ja	50,7%	19,1%	7,5%	35,8%
	Nein	49,3%	80,9%	92,5%	64,2%
	Gesamt	1206	629	266	2101
Muslime	Ja	71,7%	54,5%	15,0%	68,7%
	Nein	28,3%	45,5%	85,0%	31,3%
	Gesamt	540	22	25	587
Keine Zugehörigkeit	Ja	46,8%	14,6%	5,8%	17,9%
	Nein	53,2%	75,4%	94,2%	82,1%
	Gesamt	158	253	309	720
Andere	Ja	65,0%	20,5%	10,2%	44,7%
	Nein	35,0%	79,5%	89,8%	55,3%
	Gesamt	260	78	98	436

Die Darstellung macht sichtbar, dass sich die Unsicherheit im Gottesglauben in der Unsicherheit darüber fortsetzt, ob der persönliche Glaube alltagsrelevant ist. Der Blick auf die einzelnen Religionsgemeinschaften zeigt vor allem das unterschiedliche Antwortverhalten der Muslime gegenüber Protestanten, Katholiken und anderen Religionsgemeinschaften. Alltagssicherheit durch ihren Glauben geben 35,8 % der Katholiken sowie 25,2 % der Protestanten an. Dieser Wert liegt nur geringfügig über dem der Konfessionslosen mit 17,9 %. Wesentlich höher sind dagegen die Prozentwerte bei den Mitgliedern der übrigen Religionsgemeinschaften und der Muslime mit 44,7 % bzw. mit 68,7 %.

Bemerkenswerter als die Prozentwerte, die sich aus der Zugehörigkeit ergeben, sind jedoch die Prozentwerte der Jugendlichen, die die Glaubensfrage bejahen und die sich in diesem Sinne als religiös einstufen. Unter den Mitgliedern der Evangelischen Kirche verbinden 41,2 % ihren Glauben mit ihrer Sicherheit im Alltag, unter den Katholiken sind es 49,3 %, unter den Muslimen 71,7 %, unter den übrigen Mitgliedern von Religionsgemeinschaften 65 % und unter denen, die keine Zugehörigkeit angeben, sind es 46,8 %. Auffällig ist hier insgesamt, dass jeder fünfte Konfessionslose die Frage bejaht, dass ihm seine Glaubensüberzeugung Sicherheit im Alltag gibt.

In dem hier erörterten Zusammenhang ist in erster Linie auf das Grundmuster zu verweisen: Religiöse Überzeugungen geben Alltagssicherheit, diese Koppelung ist jedoch bei dem größten Teil der Befragten, die am Religionsunterricht teilnehmen, unterbrochen.

Vor dem angesprochenen Hintergrund werden Alltagsvermutungen über die Konsequenzen verständlich, die durch eine zurückgehende Relevanz kirchlicher Religiosität auftreten. Die Annahme, besonders Jugendliche würden zu unkonventionellen religiösen Praktiken übergehen, erscheint zwar plausibel, empirisch lässt sich jedoch eher klar zeigen, dass Brüche in den religiösen Überzeugungen, wie sie hier angesprochen werden, zwar für die Befragten typisch sind, solche Brüche lösen jedoch keine Hinwendung zu quasireligiösen Praktiken aus.

Erkennbar werden die aufgeführten Dimensionen auch in der Meinung der Jugendlichen unterschiedlichen Sphären zugeordnet. Dies gilt auch und gerade, wenn mit zunehmender Distanz eine Verbindung zwischen den einzelnen Sphären nur noch im Ausnahmefall hergestellt wird.

Betrachtet man vor diesem Hintergrund die Zusammenhänge zum zweiten Merkmal, der Kommunikation über religiöse Themen, so zeigt sich ein ähnliches Bild, wie es schon oben beschrieben wurde: Mit Blick auf die sozialstatistischen Angaben der befragten Jugendlichen werden religiöse Themen häufiger bei Frauen als bei Männern und häufiger bei Schülern als bei den Auszubildenden angesprochen. Die Prozentwerte unter den verschiedenen Konfessionen und Glaubensgemeinschaften weisen einen vergleichsweise hohen Anteil unter den Muslimen aus, der über religiöse Themen spricht. Auffällig ist hier zugleich, dass die Anteile der Befragten, die keiner Religionsgemeinschaft angehören, nur geringfügig unter denen der Protestanten und der Katholiken liegen.

Im direkten Vergleich der Zusammenhänge zwischen dem Gottesglauben und der Kommunikation über religiöse Themen zeigt sich darüber hinaus für die verschiedenen Religionsgemeinschaften das folgende Bild:

Darstellung 9: Kommunikation über religiöse Themen nach Gottesglaube und Zugehörigkeit unterschiedlicher Religionsgemeinschaften und Konfessionen (in %)

Konfession	Spricht (zuweilen) mit Freunden über religiöse Themen	Gottesglaube			
		Glaube genannt	Glaube an höhere Macht	Glaube nicht genannt	% insg
Ev	Ja	51,0%	48,7%	25,8%	44,9%
	Nein	49,0%	51,3%	74,2%	55,1%
	Gesamt	1218	859	555	2632
Rk	Ja	59,6%	46,1%	25,2%	51,2%
	Nein	40,4%	53,9%	74,8%	48,8%
	Gesamt	1206	629	266	2101
Muslime	Ja	77,2%	59,1%	52,0%	75,5%
	Nein	22,8%	40,9%	48,0%	24,5%
	Gesamt	540	22	25	587
Keine Zugehörigkeit	Ja	63,3%	50,6%	30,7%	44,9%
	Nein	36,7%	49,4%	69,3%	55,1%
	Gesamt	158	253	309	720
Andere	Ja	70,4%	52,6%	34,7%	59,2%
	Nein	29,6%	47,4%	65,3%	40,8%
	Gesamt	260	78	98	436

Aus den Daten, die für die verschiedenen religiösen Gemeinschaften aufsummiert wurden, geht hervor, dass die Gespräche über religiöse Themen einem etwas veränderten Muster folgen. Während die Verbindung zwischen dem Glauben an Gott und den alltäglichen Lebenssituationen eher zögerlich hergestellt wird, dann aber ein straffer Zusammenhang zwischen den beiden Merkmalen besteht, sind jetzt die statistischen Zusammenhänge schwächer. Religiöse Themen werden im Vergleich unabhängiger von den eigenen Glaubensüberzeugungen kommuniziert.

Bei den Mitgliedern der Evangelischen Kirche, die in der Befragung angegeben haben, an Gott zu glauben, besprechen 51 % mit ihren Freunden religiöse Themen, bei der gesamten Gruppe sind dies 44,9 %. Bei den katholischen Jugendlichen lauten die entsprechenden Zahlen 59,6 % und 51,2 %, bei den Muslimen 77,2 % und 75,5%, bei den Befragten aus den übrigen Glaubensgemeinschaften sind die Werte 70,4 % und 59,2 %, bei den Jugendlichen, die keiner Religionsgemeinschaft angehören, wurden die Werte 70,4 % und 44,9 % festgestellt. Anzumerken ist in diesem Zusammenhang auch, dass die Unterschiede zwischen den einzelnen Gemeinschaften dem schon erwähnten Muster folgen: Glaube, Alltagsbezug und Kommunikation ist bei den Muslimen enger miteinander verbunden als bei den christlichen Religionsgruppen. Methodisch ist hier zu vermuten, dass die befragten Muslime, die sich alle entschieden haben, am Religionsunterricht teilzunehmen, eher in einem konformen und sozial erwünschten Sinne antworten.

Ergänzend ist in diesem Zusammenhang auf die Ergebnisse einer Teilstichprobe von 988 Personen hinzuweisen, die über die Inhalte ihrer Gespräche befragt wurden. In einer Aufgliederung der zentralen Themenschwerpunkte zeigt sich hierbei für die Jugendlichen aus den einzelnen Religionsgemeinschaften das folgende Bild:

Darstellung 10: Schwerpunkte von Gesprächsthemen nach der Zugehörigkeit zu unterschiedlichen Religionsgemeinschaften und Konfessionen (in %)

Gesprächsthemen	Konfession					Gesamt
	Ev	Rk	Muslime	Ohne Konfession	Andere Zugehörigkeit	
Leben und Tod	10,3%	13,7%	5,7%	14,8%	10,3%	11,1%
Beziehung zwischen Religionen	25,4%	23,3%	25,4%	25,9%	24,4%	24,7%
Glaubensfragen	40,0%	46,6%	50,7%	42,0%	44,9%	44,3%
Esoterik, übernatürliche Phänomenen	24,3%	16,3%	18,1%	17,3%	20,5%	19,9%
Gesamt	100,0%	99,9%	99,9	100,0%	100,1%	100,0%

Die Tabelle zeigt das unterschiedliche Gewicht der einzelnen Themenschwerpunkte, in dem Glaubensfragen den höchsten Stellenwert einnehmen. Sie zeigt zugleich, dass die Differenzen zwischen den einzelnen religiösen Gruppierungen nur gering sind. Die christlichen Gruppierungen, die Muslime und die Befragten, die keiner Religionsgemeinschaft angehören, unterscheiden sich in ihren Angaben nur geringfügig voneinander.

Das Antwortmuster deutet damit zugleich darauf hin, dass sich die Angabe der Themenschwerpunkte extern herausbildet und mit der individuellen Glaubensorientierung sowie der jeweiligen Zugehörigkeit nicht besonders eng verbunden ist.

Die folgende Übersicht bestätigt dieses Bild und lässt erkennen, dass die Themenauswahl kaum in Abhängigkeit von der individuellen Glaubensüberzeugung herausbildet.

Darstellung 11: Glaubensüberzeugung und Angabe von Gesprächs-schwerpunkten zu religiösen Themen (in %)

Gesprächsthemen	Gottesglaube			
	ja	Indifferent	nein	Gesamt
Leben und Tod	11,9%	8,1%	14,4%	11,1%
Beziehung zwischen Religionen	25,6%	22,4%	25,2%	24,7%
Glaubensfragen	44,9%	44,4%	40,5%	44,3%
Esoterik, übernatürliche Phänomene	17,6%	25,1%	19,8%	19,9%
Gesamt	100,0%	100,0%	99,9%	100,0%

Die Übersicht macht sichtbar, dass sich die Schwerpunkte der Gespräche kaum ver-ändern. Sie gelten in gleicher Weise für Befragte, die angeben, an Gott zu glauben, wie für diejenigen, die dies nicht tun. Über die Tabelle hinaus ist ergänzend darauf hinzuweisen, dass bei keiner der hier unterschiedenen religiösen Gruppierungen ein Zusammenhang zwischen der Glaubensüberzeugung und den Gesprächsthemen nachgewiesen werden kann.

Die Unterschiede über die Themenschwerpunkte werden jedoch ausgeprägter, wenn sie in einem Zusammenhang mit der Akzeptanz des Religionsunterrichts gese-hen werden:

Jugendliche, die dem Religionsunterricht positiv gegenüberstehen, unterhalten sich mit ihren Freunden eher über Glaubensfragen, Jugendliche mit einer neutralen oder negativen Haltung eher über die übrigen Themen; besonders ausgeprägt sind hierbei die Unterschiede beim Themenschwerpunkt „Beziehung zwischen den Reli-gionen". Betrachtet man die Zusammenhänge zwischen den einzelnen Religionsge-meinschaften, so ist deutlich zu sehen, dass unter den Befragten aus den verschie-denen christlichen Konfessionen die Themendifferenzen nur sehr gering ausgeprägt sind. Sie sind bei den Muslimen und den Befragten, die keiner Religionsgemein-schaft angehören – und deren Teilnahme damit einen höheren Entscheidungscha-rakter enthält – deutlich ausgeprägter.

Die zusammengefassten Ergebnisse macht die folgende Tabelle sichtbar:

Darstellung 12: Religionszugehörigkeit, Einstellung zum Religionsunterricht und Angabe von Gesprächsschwerpunkten zu religiösen Themen (in %)

Zugehörigkeit	Themenschwerpunkte	Urteil zum Religionsunterricht		
		positiv	Neutral/negativ	gesamt
Andere	Leben und Tod	3,0%	15,6%	10,3%
	Beziehung zwischen Religionen	24,2%	24,4%	24,4%
	Glaubensfragen	48,5%	42,2%	44,8%
	Esoterik	24,2%	17,8%	20,5%
	Summe	99,9%	100,0%	100,0%
Ev	Leben und Tod	8,5%	11,5%	10,3%
	Beziehung zwischen Religionen	23,4%	26,8%	25,4%
	Glaubensfragen	44,0%	37,3%	40,0%
	Esoterik	24,1%	24,4%	24,3%
	Summe	100,0%	100,0%	100,0%
Rk	Leben und Tod	13,9%	13,6%	13,7%
	Beziehung zwischen Religionen	19,9%	26,5%	23,3%
	Glaubensfragen	49,0%	44,4%	46,6%
	Esoterik	17,2%	15,4%	16,3%
	Summe	100,0%	99,9%	99,9%
Muslime	Leben und Tod	5,3%	6,2%	5,8%
	Beziehung zwischen Religionen	12,3%	34,6%	25,4%
	Glaubensfragen	61,3%	43,2%	50,7%
	Esoterik	21,1%	16,0%	18,1%
	Summe	100,0%	100,0%	100,0%
Keine Zugehörigkeit	Leben und Tod	15,0%	14,8%	14,8%
	Beziehung zwischen Religionen	10,0%	31,1%	25,9%
	Glaubensfragen	65,0%	34,4%	42,0%
	Esoterik	10,0%	19,7%	17,3%
	Summe	100,0% N=402	100,0% N=558	100,0%

Hinzuweisen ist besonders auf zwei Punkte:

- Glaubensfragen nehmen überall den ersten Rang in den Gesprächen ein. Bei den Mitgliedern der christlichen Konfessionen ist diese Themenwahl unabhängig vom Urteil über den Religionsunterricht, bei Muslimen, aber auch bei den Konfessionslosen wird das positive oder negative Urteil über den Unterricht mit der Wahl des Themenschwerpunkts gekoppelt.

- Ein Viertel der Befragten nennt als besonderes Thema die Beziehung zwischen den Religionen. Auch für diesen Schwerpunkt spricht bei den Mitgliedern der christlichen Konfessionen das Urteil über den Religionsunterricht keine Rolle, wohl aber gilt dies wieder für die Muslime und die konfessionslosen Schüler.

106

Der Austausch über die Beziehung zwischen unterschiedlichen Religionsgemeinschaften verweist im übrigen auf eine moralische Aufforderung, die dem Religionsunterricht gern als Wirkung zugeschrieben wird, und die mit Begriffen einer Erziehung
zur Toleranz gegenüber dem anderen Glauben umschrieben wird. In einem kurzen
Exkurs möchte ich auf dieses Thema anhand von Daten zur Akzeptanz des öffentlichen Gebetsaufrufs bei Muslimen eingehen.

2.3. Exkurs: Zur Akzeptanz des öffentlichen Gebetsaufrufs bei Muslimen

In der ersten Befragungswelle wurde nach der Akzeptanz öffentlicher Gebetsaufrufe
durch Muslime gefragt. Die Frage wurde einmal aus aktuellem Anlass gestellt. An
verschiedenen Orten war es zum Zeitpunkt der Erhebung zu Protesten gegen den
Ruf zum Gebet gekommen. In diesem Zusammenhang sollte zum anderen geprüft
werden, wie in den Schulklassen, die sich aus Schülern verschiedener Glaubensgemeinschaften zusammensetzen, der Gebetsaufruf akzeptiert wurde. Die Fragestel-
lung in diesem Abschnitt ist entsprechend begrenzt, allgemeine Stereotype und soziale Distanz gegenüber Muslimen werden hier nicht erörtert.

Geht man zunächst auf die Frage ein, ob der öffentliche Gebetsaufruf von den
Mitgliedern der verschiedenen Religionsgemeinschaften in gleicher Weise akzeptiert
wird, so soll damit zugleich auf einen möglichen Zusammenhang mit den jeweiligen
religiösen Überzeugungen hingewiesen werden. Aus diesem Grund erfolgt zusätzlich
die Aufgliederung nach der Intensität der Glaubensüberzeugungen. Darstellung 13
zeigt hierzu die folgenden Prozentwerte:

Darstellung 13: Akzeptanz des öffentlichen Gebetsrufs nach Religions- und Konfessionszugehörigkeit und Religiosität (%)

(Religiosität gemessen über Zustimmung zur Aussage „Mein Glaube gibt mir Sicherheit im Alltag")

	Konfession						
	Ev		rk		andere		Ohne
	Religiosität						
Akzeptanz des öff. Gebetsauf-rufs	Stark	gering	stark	gering	stark	gering	gering
(eher) ja	57,9	56,4	56,8	52,6	45,8	51,0	55,5
(eher) nein	42,1	43,6	43,2	47,4	54,2	49,0	44,5
Gesamt	100,0	100,0	100,0	100,0	100,0	100,0	100,0
	266	88	398	658	48	51	309

In der Tabelle ist zu erkennen, dass etwa die Hälfte der Befragten der Aussage zustimmt „Den Muslimen sollte es genauso möglich sein, öffentlich zum Gebet aufzurufen, wie den christlichen Kirchen, die ihre Glocken läuten lassen." Die übrigen lehnen diese Aussage eher ab. Diese Verteilung hängt nicht von der Zugehörigkeit zu einer bestimmten Konfession ab. Die Anteilswerte von Protestanten, Katholiken oder Konfessionslosen liegen auf dem gleichen Niveau. Auch innerhalb der einzelnen Religionsgemeinschaft unterscheidet sich die Gruppe mit den starken Glaubensüberzeugungen nicht von jener mit den weniger starken Überzeugungen.

Zusammenfassend lässt sich daher festhalten, dass es unter den befragten Jugendlichen keine religiös motivierte Kritik am öffentlichen Gebetsaufruf der Muslime gibt.

Differenzen zeigen sich jedoch dort, wo die Befragten nach Lebenslagen und ihren jeweiligen sozialpolitischen Überzeugungen unterschieden werden. Am Bespiel der Unterteilung nach den Merkmalen Geschlecht und dem sozialpolitschen Engagement, gemessen über den Wunsch, anderen zu helfen, lassen sich Einstellungsunterschiede zum öffentlichen Gebetsruf verdeutlichen:

Darstellung 14: Akzeptanz des öffentlichen Gebetsrufs nach Geschlecht und sozialpolitischem Engagement (in %)

Geschlecht				
	Männer		Frauen	
Sozialpolitisches Engagement				
Akzeptanz des öff. Gebetsaufrufs	stark	gering	stark	gering
(eher) ja	54,5	44,7	66,2	56,1
(eher) nein	45,5	55,3	33,8	43,9
Gesamt	100,0	100,0	100,0	100,0
	906	420	1269	310

Darstellung 14 lässt die geringere Akzeptanz der befragten männlichen Jugendlichen gegenüber den weiblichen erkennen. Sichtbar wird zugleich, dass in beiden Gruppen die jeweiligen Einstellungen darauf bezogen sind, ob die befragten Schüler ein starkes sozialpolitisches Engagement aufweisen oder nicht. Will man damit die Kritik am öffentlichen Gebetsaufruf weiter vertiefen, so gilt es also, den sozialen Überzeugungen der Kritiker nachzugehen, auch wenn diese aus einem kirchlichen Zusammenhang heraus erfolgen.

In einer weiteren Übersicht zu diesem Themenbereich wird abschließend dargestellt, ob sich die Einstellungen der Befragten in Schulen mit hohem und mit geringem Anteil muslimischer Schüler voneinander unterscheiden. Gefragt wird damit zugleich, ob die Schule der Ort ist, der soziale Stereotype entscheidend mit prägt. Diese Frage wird getrennt für Männer und Frauen untersucht, die – wie oben zu sehen war – den öffentlichen Gebetsaufruf in unterschiedlichem Maße unterstützen.

Darstellung 15: Akzeptanz des öffentlichen Gebetsrufs nach Geschlecht in Schulen mit unterschiedlichem Anteil an Muslimen (in %)

Anteil an Muslimen in der Schule			
	hoch		Gering
Geschlecht			
Akzeptanz des öff. Gebetsaufrufs	männlich	weiblich	männlich	Weiblich
(eher) ja	51,7	64,7	46,5	63,8
(eher) nein	48,3	35,3	53,6	36,2
Gesamt	100,0	100,0	100,0	100,0
	600	705	726	874

Die Tabelle weist einen eindeutigen Befund aus: Die Unterschiede zwischen Männern und Frauen bleiben in gleichem Umfang bestehen. Sie sind nicht Resultat einer besonderen Situation in der Schule. Weitere Aufgliederungen, die das Thema speziell auf den Religionsunterricht beziehen, ergänzen den Befund ohne ihn zu modifizieren. Allgemein läßt sich so festhalten: Vorbehalte gegenüber einem öffentlichen Gebetsaufruf werden extern erzeugt und verstärkt. Sie sind weder auf die religiösen Überzeugungen noch auf den schulischen Alltag zu beziehen.

2.4. Auffassungen über den Tod und ein Leben nach dem Tode

Als einen weiteren Bereich, der über religiöse Orientierungen der Jugendlichen Auskunft geben soll, enthält der Erhebungsbogen eine Frage über die Vorstellungen über ein Leben nach dem Tode. Für die Darstellung hier will ich besonders auf zwei Teilfragen zurückgreifen: Die Vorstellung, den Tod als ein endgültiges Ende anzusehen, dies gibt ein Drittel (32,5 %) der Befragten an, zwei Drittel teilen entsprechend diese Position nicht. Als zweites geht es um die Vorstellung eines Weiterlebens nach dem Tode. Knapp die Hälfte der Befragten (42,8 %) vertritt diese Auffassung, ein weiteres knappes Drittel äußert zu diesem Thema keine feste Position. Über die Verknüpfung beider Merkmale lassen sich drei Positionen unterscheiden: diejenigen, die den Tod als endgültiges Ende ansehen und die nicht ausdrücklich an ein Weiterleben nach dem Tode glauben; die Gegenposition: diejenigen, die den Tod als nicht endgültiges Ende ansehen und die über ihren Glauben ein Weiterleben nach dem Tod berichten; und eine eher unentschiedene Position, die zwischen beiden Auffassungen schwankt. In der Studie sind diese Vorstellungen fast gleichmäßig verteilt. Über Differenzen innerhalb der einzelnen Religionsgemeinschaften und Konfessionen gibt die folgende Tabelle Auskunft.

Darstellung 16: Glaube an ein Weiterleben nach dem Tod nach Konfessions- und Religionszugehörigkeit (in %)

Glaube an ein Weiterleben nach dem Tod		Konfession/Religionszugehörigkeit					Gesamt
		Andere	ev	Rk	Muslime	Keine/ungetauft	
	Ja	34,2	32,7	39,3	51,4	23,8	35,6
	Ambivalente Haltung	32,5	35,8	34,3	31,2	37,5	34,9
	Nein	33,3	31,5	26,4	17,4	38,7	29,5
Gesamt	Gesamt	436	2632	2101	587	720	6476
	% von Konfession	100,0%	100,0%	100,0%	100,0%	100,0%	100,0%

Die Übersicht zeigt, dass sich die Mitglieder der christlichen Konfessionen in ihren Überzeugungen kaum unterscheiden. Nicht ganz selbstverständlich, aber auf der Linie der bisher vorgestellten empirischen Ergebnisse, liegen die allenfalls marginalen Abweichungen der Konfessionslosen. Gegenüber diesem Bild unterscheiden sich die Muslime, die sich am Religionsunterricht beteiligen, in stärkerem Maße von den übrigen Gruppen.

Geht man den Glaubensinhalten näher nach, so ist nicht davon auszugehen, dass die mit dem Leben nach dem Tod verbundenen Überzeugungen direkt an die Glaubensaussagen der Hochreligionen anschließen. Der Glaube an ein Leben nach dem Tod wird in Kategorien eines säkularen Bewusstseins formuliert und kann vor diesem Hintergrund mit ganz unterschiedlichen innerweltlichen Vorstellungen verbunden werden.

Prüft man vor diesem Hintergrund zunächst, inwieweit die befragten Jugendlichen eine Verbindung zu individualistischen Alltagsvorstellungen herstellen, so zeigt sich deutlich, dass der Glaube an ein Leben nach dem Tod nicht auf solche Lebensdeutungen in der Form „das Leben hat nur Sinn, wenn ich ihm selbst einen gebe" bezogen werden kann.

Darstellung 17: Glaube an ein Weiterleben nach dem Tod nach Einstellung zur Frage: „Das Leben hat nur Sinn, wenn ich ihm selbst einen gebe" (in %)

Glaube an ein Weiterleben nach dem Tod	Einstellung: Sinn kann nur individuell hergestellt werden		Gesamt
	Zustimmung	Ablehnung	
Ja	35,3%	37,3%	35,6%
Ambivalente Haltung	34,6%	36,3%	34,9%
Nein	30,1%	26,4%	29,5%
Gesamt	5348	1128	6476
	100,0%	100,0%	100,0%

In Übereinstimmung mit den augenblicklich vorherrschenden Sinndeutungsvorschlägen äußern sich auch die Jugendlichen wie erwartet: Eine eindeutige Mehrheit vertritt die Position, Lebenssinn könne nur individuell hergestellt werden. Ob aber diese Position vertreten wird oder nicht, ist für die Einstellung zum Leben nach dem Tod gleichgültig. Die Prozentdifferenzen weichen in allen Gruppen allenfalls minimal voneinander ab. Der Glaube an ein Weiterleben wird nicht über die Art der Lebensdeutung beeinflusst, sondern allenfalls darüber, dass überhaupt immanente und transzendente Orientierungen unterschieden werden. Ob dies – wenn auch nicht exklusiv – auch für esoterische Festlegungen gilt, ist eine Frage, auf die ich im Folgenden näher eingehen will.

In diesem Zusammenhang ist zu prüfen, inwieweit Gottesglaube und Zustimmung zu esoterischen Praktiken auf die Einstellung zum Leben nach dem Tod bezogen werden können. Im Sinne der oben formulierten Leithypothese ist davon auszugehen, dass beide Positionen vereinbar und nicht gegeneinander gerichtet sind.

Für den Glauben an esoterische Praktiken wurden, in einer etwas ausführlicheren Operationalisierung als oben dargestellt, vier Aussagen miteinander verbunden: Der Glaube an Horoskope und Astrologie, der Glaube an die Heilkraft von Steinen, an Wahrsagen und Hellsehen sowie an die Heilung durch Personen mit übersinnlichen Kräften. Ein Glaube an diese Praktiken liegt nicht vor, wenn keiner dieser Aussagen zugestimmt wird; er ist gering, wenn sich die Person mit einer oder zwei Praktiken einverstanden erklärt; im letzten Fall wird er als stark bezeichnet. Bei der empirischen Verknüpfung zeigt sich der folgende Zusammenhang:

Darstellung 18: Glaube an ein Weiterleben nach Gottesglaube und Glaube an esoterische Praktiken (in %)

| Gottes- glaube | Einstellung zum Leben nach dem Tod | Glaube an esoterische Praktiken | | | |
		fehlt	gering	stark	gesamt
ja	Ja	41,2%	44,4%	54,4%	43,7%
	Ambivalente Haltung	34,4%	34,5%	30,5%	34,1%
	Nein	24,3%	21,2%	15,1%	22,3%
	Gesamt	1800	1251	331	3382
		99,9	100,1	100,0	100,1
Glaube an höhere Macht	Ja	31,6%	41,3%	60,1%	38,1%
	Ambivalente Haltung	40,1%	36,1%	30,6%	37,6%
	Nein	28,3%	22,6%	9,3%	24,2%
	Gesamt	955	703	183	1841
		100,0	100,0	100,0	99,9
Nein	Ja	7,0%	14,9%	29,4%	10,3%
	Ambivalente Haltung	32,6%	33,5%	35,3%	33,0%
	Nein	60,4%	51,5%	35,3%	56,7%
	Gesamt	857	328	68	1253
		100,0	99,9	100,0	100,0

Die Tabelle zeigt besonders, dass und in welcher Weise der Glaube an ein Leben nach dem Tode, der Gottesglaube und der Glaube an esoterische Praktiken miteinander verwoben sind. Der Glaube an esoterische Praktiken weist immer einen eigenständigen Effekt auf, unabhängig davon, ob die Jugendlichen an Gott glauben oder nicht. Die Zusammenhänge ergänzen sich jedoch nicht in eindeutiger Weise. Esoterik scheint eher die Funktion zu haben, Hilfs- oder ergänzende Klarstellungen unter ambivalenten Bedingungen zu erzeugen. Eine solche Hilfsfunktion der Esoterik wird zuweilen als problematisch beurteilt. Diesem Urteil stehen zwei Sachverhalte entgegen: Erstens wird über die gesellschaftlich erzeugte religiöse Indifferenz Ambivalenz erst hergestellt. Esoterische Praktiken können daher in diesem Zusammenhang immer nur nachträglich als eine Form der Selbstdeutung wirksam werden. Zum anderen wird die Verbreitung dieses Glaubens auch nach den hier festgehaltenen Daten, deutlich überschätzt. Über die Hälfte der Befragten glaubt hier – trotz Einbeziehung der milden Form, Horoskope – an nichts.

Wenn der Esoterik eine subsidiär klärende Funktion zukommen soll, dann ist zu erwarten, dass sich diese mit der jeweils individuell aufgebauten Verbindlichkeit zu religiösen Themen verändert. Dieser Frage wird in der folgenden Übersicht nachgegangen.

Darstellung 19: Glaube an ein Weiterleben nach dem Tod nach Zustimmung zum bewussten Bekenntnis zu seiner Religion, Gottesglaube und Glaube an esoterische Praktiken (in %)

Glaube an esoterische Praktiken					
Gottes-glaube und be-wusstes Bekenntnis	**Einstellung zum Leben nach dem Tod**	**fehlt**	**gering**	**stark**	**gesamt**
	Ja	46,9%	49,2%	54,1%	48,5%
Ja	Ambivalente Haltung	32,6%	31,6%	32,0%	32,1%
	Nein	20,5%	19,2%	14,0%	19,4%
	Gesamt	917	681	172	1770
	Ja	32,1%	39,5%	56,4%	37,2%
Glaube an höhere Macht	Ambivalente Haltung	38,5%	36,9%	29,7%	37,0%
	Nein	29,4%	23,6%	13,9%	25,8%
	Gesamt	1934	1325	353	3612
	Ja	7,0%	13,0%	31,6%	9,8%
Beides nein	Ambivalente Haltung	31,4%	33,0%	36,8%	32,1%
	Nein	61,6%	54,0%	31,6%	58,1%
	Gesamt	761	276	57	1094

Die Darstellung ergänzt die bisherige Sichtweise und ermöglicht es, genauer als bisher Effekte religiöser und nicht religiöser Weltsichten zu unterscheiden. Hierbei zeigt sich ein hoch differenziertes Bild: An den Extrempunkten stehen auf der einen Seite

Menschen, die sich als sicher in ihrem religiösen Glauben verankert sehen, zu esoterischen Praktiken keinen Zugang haben und, damit in innerem Einklang, an ein Leben nach dem Tode glauben. Hierbei handelt es sich um gut 400 der über 6000 befragten Schüler und Auszubildenden. Auf der anderen Seite deutet ebenfalls nur eine etwa gleich große Minderheit ihr Leben in ausschließlich immanenten Kategorien. Zwischen diesen Polen bewegen sich ganz unterschiedliche Deutungsformen, die in ihrer Zusammensetzung umfassender als dies von den Daten hier möglich ist, unter dem Stichwort „bricolage" beschrieben werden können.[115] Von den Befunden her lässt sich jedoch eine Feststellung sehr klar treffen: Esoterische Praktiken sind in religiöse Weltdeutungen eingebunden und nicht, wie dies eine moralisierende Kulturkritik zuweilen unterstellt, als Anschlussfolge von Auflösungserscheinungen in den Hochreligionen zu verstehen.

Wenn Esoterik jedoch eine subsidiär klärende Funktionen zukommt, kann unterstellt werden, dass es funktionale Äquivalente gibt. Eine, auf die hier näher eingegangen wird, bezieht sich auf Wertprinzipien, nach denen in der Erhebung allgemein, und speziell mit Blick auf Ungerechtigkeiten in der Gesellschaft gefragt wurde. In diesem Zusammenhang wurden die Schüler danach gefragt, wie wichtig sie die beiden Schwerpunkte einschätzen: „Eintreten gegen Ungerechtigkeiten in der Welt" und „im Unterricht eine Grundlage für Werte und Normen erhalten". Wie diese Orientierungen mit einzelnen Glaubensdimensionen verbunden sind, zeigt die folgende Übersicht. Sie verbindet die beiden Merkmale in der Form, dass beide, eine oder keine der Wertaussagen als wichtig eingestuft wird.

---

[115] Vgl. z.B. Alfred Dubach in Roland Campiche (hrsg.): Jeder ein Sonderfall. Basel 1993.

Darstellung 20: Glaube an ein Weiterleben nach Gottesglaube und Wertbindung (in %)

Gottes-glaube	Einstellung zum Leben nach dem Tod	Wertorientierung			
		fehlt	gering	stark	gesamt
	Ja	32,3%	44,4%	49,2%	43,7%
Ja	Ambivalente Haltung	37,1%	34,0%	32,3%	34,1%
	Nein	30,6%	21,6%	18,5%	22,3%
	Gesamt	617	1720	1045	3382
	Ja	31,5%	38,4%	42,5%	38,1%
Glaube an höhere Macht	Ambivalente Haltung	39,6%	37,7%	36,1%	37,6%
	Nein	28,9%	23,9%	21,4%	24,2%
	Gesamt	381	923	537	1841
	Ja	8,2%	12,2%	9,5%	10,3%
Nein	Ambivalente Haltung	32,6%	34,7%	29,3%	33,0%
	Nein	59,1%	53,1%	61,2%	56,7%
	Gesamt	438	573	242	1253

Die Funktion der ausgewählten Wertprinzipien ist darauf abgestellt, Eindeutigkeit auf der hier diskutierten Glaubensdimension auch in einem einzelnen Deutungselement, wie dem Glauben an ein Leben nach dem Tod, zu unterstützen. Wird die Frage nach dem Gottesglauben nicht abgelehnt, so steigt mit zunehmender Wertakzeptanz auch der Glaube an ein Leben nach dem Tod. In der ersten Gruppe von 32,3 % auf 49,2%, in der zweiten von 31,5 % auf 42,5 %. In der dritten Teilgruppe besteht dagegen kein Zusammenhang.

Im Vergleich der beiden Übersichten unterscheidet sich daher auch der Glaube an esoterische Praktiken und die Funktion von Wertprinzipien: Diese sichern die individuell vorhandenen Weltsichten ab, jene schließen eher die Lücken in uneinheitlichen Situationen und lassen sich so leichter in neue religiöse und außerreligiöse Deutungssysteme integrieren.

Die bisher beschriebenen ganz unterschiedlich zusammengesetzten Deutungsformen der befragten Jugendlichen lassen sich noch einmal unter einer anderen Perspektive betrachten. Hier geht es um die Frage, ob und wie solche Deutungen auf den Lebenssinn bezogen werden. Wie verhält sich diese zugeschriebene Funktion religiöser Deutungsformen unter säkularen Bedingungen?

Anders als in dem vorausgegangenen Abschnitt, in dem eine individualisierte Begründung direkt auf religiöse Deutungen bezogen wurde, geht es jetzt generell um das Thema, ob bzw. welchen Sinn dem Leben zugesprochen werden kann. Die allgemeine Frage, ob dem Leben überhaupt ein Sinn zugeschrieben werden kann, beantworten fast 90 % der Befragten positiv. Weitergehend ist jedoch zu fragen, wie die jeweiligen Deutungsformen auf dieses Muster bezogen sind.

Betrachtet man zunächst die Einbindung religiöser Weltdeutungen, die über den Gottesglauben und den Glauben an ein Leben nach dem Tod erfragt wurden, so zeigt sich das folgende Bild:

Darstellung 21: Glaube an ein sinnhaftes Leben nach Gottesglaube und Glaube an ein Leben nach dem Tod (in %)

		Glaube an ein Leben nach dem Tod			
Gottes-glaube	Glaube an einen Lebens-sinn	ja	ambivalent	nein	Gesamt
Ja	Ja	91,7%	89,5%	88,0%	90,1%
	Nein	8,3%	10,5%	12,0%	9,9%
	Gesamt	1477	1152	753	3382
Glaube an höhere Macht	Ja	89,9%	89,8%	87,7%	89,3%
	Nein	10,1%	10,2%	12,3%	10,7%
	Gesamt	702	693	446	1841
Nein	Ja	86,8%	85,0%	80,6%	82,7%
	Nein	13,2%	15,0%	19,4%	17,3%
	Gesamt	129	413	711	1253

Auffällig ist zunächst, dass sich die Grundorientierungen über die einzelnen Teil-gruppen kaum verändern. Religiöse Weltsichten verändern zwar die Orientierungen in geringem Maße, immer bleiben es jedoch Veränderungen am Rande. Eine Diffe-renz von 10 % zwischen dem Jugendlichen, der an Gott und an ein Leben nach dem Tode glaubt, im Verhältnis zu dem, der diese Überzeugungen nicht teilt, zeigt über die Zustimmungswerte von 80,6 % bzw. 91,7 % in den Extremgruppen, dass religiö-se Weltsichten für die Beurteilung des Lebenssinns nicht dominant sind. Dieser ent-steht vielmehr säkular und wird als individuelle Bewährung in der jeweiligen Lebens-praxis begründet. Lebenssinn ist entsprechend das, was Schüler und Auszubildende herstellen. „Das Leben hat Sinn, wenn ich ihm selbst einen gebe". Diese Bewährung in der Lebenspraxis kann religiös, ebenso wie außerreligiös begründet werden. In der Studie findet sich, wie gezeigt, die ganze Breite möglicher Begründungsmuster.

Eher als ein interessanter Seitenstrang ist in diesem Zusammenhang darauf hin-zuweisen, dass vom Glauben an die oben beschriebenen esoterischen Kräfte keine Effekte auf die Deutung des Lebens ausgehen. Die Befragungsergebnisse sind in Darstellung 19 zusammengefasst.

Darstellung 22: Glaube an ein sinnhaftes Leben nach Gottesglaube und Glaube an die Wirkung übernatürlicher esoterischer Kräfte (in %)

Glaube an übernatürliche esoterische Kräfte					
Gottes-glaube	Glaube an einen Lebens-sinn	nein	gering	stark	Gesamt
	Ja	92,7%	88,6%	81,6%	90,1%
Ja	Nein	7,3%	11,4%	18,4%	9,9%
	Gesamt	1800	1251	331	3382
	Ja	92,0%	87,3%	82,5%	89,3%
Glaube an höhere Macht	Nein	8,0%	12,7%	17,5%	10,7%
	Gesamt	955	703	183	1841
	Ja	83,0%	82,9%	77,9%	82,7%
Nein	Nein	17,0%	17,1%	22,1%	17,3%
	Gesamt	857	328	68	1253

Bei der insgesamt starken Ablehnung der Aussage „Meiner Meinung nach hat das Leben keinen Sinn" und der Einbindung dieser Sinnfrage in die individuelle Alltagspraxis ist nicht von größeren Differenzen bei den einzelnen Teilgruppen auszugehen. Gleichwohl zeigt sich hier ein schwacher eigenständiger Effekt. Mit dem Glauben an die Wirksamkeit übersinnlicher Kräfte wird der Glaube an die Sinnlosigkeit des Lebens immer etwas stärker betont. In den Teilgruppen variieren die Werte jeweils um gut 10% und sind nur bei den Befragten, die angeben, nicht an Gott zu glauben, mit 5 % etwas geringer.

3. Nähe und Distanz zu Religion und Kirche

In der öffentlichen Diskussion nimmt der Religionsunterricht an Schulen, wie angedeutet, zuweilen auch deshalb eine besondere Stellung ein, weil er als Medium für eine Art Rückzugsgefecht vergangener Debatten genutzt wird. So wird auf der einen Seite eine Klerikalisierung des staatlichen Schulbetriebs und eine mit einem pluralistischen Gesellschaftsverständnis unvereinbare Einflussnahme befürchtet, auf der anderen Seite wird auf die Notwendigkeit verwiesen, gerade jungen Menschen Wertprinzipien zu vermitteln. Der Religionsunterricht gilt hierfür als ein geeignetes Forum. Hinter den Argumentationslinien stehen Positionen, die in der religionssoziologischen Debatte kaum noch Aufmerksamkeit finden. So gilt es inzwischen als ausgemacht, dass sich Moral in der heutigen Gesellschaft nicht mehr religiös begründen lässt. Auch die klassische Annahme, dass die organisierte Religion zur Integration der Gesellschaft beiträgt, wird zunehmend in Zweifel gezogen. Hinter den kritischen Einwänden stehen dagegen einseitige Steuerungsvorstellungen, die den Einfluss der Kirchen in der Bundesrepublik hoch und die Entscheidungsfreiheit der Jugendlichen eher gering einschätzen.

Mir geht es an dieser Stelle darum, die Diskussion nicht so sehr auf dieser sichtbaren und leicht politisierbaren Ebene zu führen, sondern darauf hinzuweisen, dass die Alltagswirklichkeit in den Schulen auf ein weniger hochgestecktes Bild verweist.

Ich möchte in diesem Abschnitt zunächst auf die Urteile eingehen, die die Schüler über die Kirche treffen. Ein zweiter Teil wird dann auf die Zusammenhänge zwischen dem Kirchenbild und den oben genannten drei Dimensionen religiöser Orientierungen eingehen.

3.1. Kirchenbindung

In der ersten der drei Erhebungswellen wurden die Auszubildenden und Schüler in einer offenen Frage nach ihrem Urteil über die Kirche gefragt. In die Frageformulierung ging zugleich die Vorstellung ein, die sich die Befragten über eine Kirche machen, der sie sich zugehörig fühlen können. Die Angaben werden hier unter 5 Dimensionen zusammengestellt:

- Die Kirche wird in der bestehenden Form akzeptiert.
- Die Kirche wird liberaler und offener gewünscht.
- Die Befragten entwickeln keine Vorstellung über die Kirche.
- Die Befragten distanzieren sich von der Kirche und einer institutionalisierten Religion.
- Die Befragten formulieren andere Urteile über die Kirche.

Die Vorstellungen, die die Befragten über eine Kirche entwickeln, der sie angehören möchten, werden getrennt für die Mitglieder der christlichen Kirchen, der christlichen Religionsgemeinschaften ausgewiesen. Aufgenommen wurden ebenso die Schüler und Auszubildenden, die keiner Kirche angehören. Im Einzelnen zeigen sich zu dieser Frage die folgenden Antwortmuster:

Darstellung 23: Beurteilung der Kirche nach der Religionszugehörigkeit (in %)

Urteil zur Kirche Anderer	Konfession			Gesamt
	Ev	Rk	ohne	
So wie sie ist	12,2%	5,2%	5,1%	1,2%	5,1%
Liberaler	18,0%	36,8%	43,4%	24,2%	36,7%
Weiß nicht	49,2%	39,1%	37,4%	46,4%	40,0%
Andere Kritik	10,5%	10,4%	9,1%	11,5%	10,0%
Distanz	10,1%	8,5%	5,0%	16,7%	8,2%
Gesamt	100,0% 189	100% 1143	100,0% 1089	100,0% 330	100,0% 2751

Die Antworten lassen eindeutige Muster erkennen: Im Vordergrund stehen solche Angaben, die sich unter der Kategorie „Indifferenz" zusammenfassen lassen. 40 % der Befragten geben auf die Frage nach einem Urteil über die Kirche keine inhaltlichen Antworten. Auffällig ist hierbei, dass die Angaben zwischen den Konfessionen nur in geringem Umfang streuen, und auch der Personenkreis, der keiner Kirche angehört, die gleichen Antworten gibt. Die ausgeprägte Übereinstimmung in den Angaben gilt auch – abgesehen von einigen typischen Besonderheiten – für die übrigen Antworttypen: Die Religionsgemeinschaften in der bestehenden Form werden nur von einer Minderheit akzeptiert: Jeweils bei 5 % liegt der Wert bei Protestanten und Katholiken. Die 1,2 % der Angaben von den Befragten, die keiner Religionsgemeinschaft angehören, bedeuten hier keinen systematischen Bruch. Bei den Mitgliedern der übrigen Religionsgemeinschaften, die mit Ausnahme der Muslime zusammengefasst wurden, ist die Akzeptanz der jeweils vorfindbaren Kennzeichen höher, gleichzeitig sind jedoch auch die distanzierenden Äußerungen recht hoch, ein Ergebnis, das auf die Heterogenität dieser Gruppe zurückzuführen sein dürfte.

Auffällig ist weiter der im Vergleich recht hohe Prozentsatz derjenigen, die sich mit der Religionsgemeinschaft, der er angehören, auseinandersetzen und diese sich liberaler, weniger starr und menschlicher vorstellen. Auffällig ist weiter, dass die distanzierenden Äußerungen durchweg unter 10 % bleiben und selbst bei den Nicht-Mitgliedern mit 16,7 % im gleichen Antwortrahmen verbleiben. Die geringen Anteile in den Extrempositionen – die Akzeptanz einer Kirche in der bestehenden Form und die Distanzierung von der jeweiligen Kirche oder Religionsgemeinschaft – sowie die ähnlich gelagerten Antwortmuster bei Mitgliedern und Nicht-Mitgliedern verweisen noch einmal auf das vorherrschende Relevanzmuster sozialer Indifferenz. Sie lassen jedoch auch vermuten, dass sich die individuelle Auseinandersetzung mit religiösen Themen von der Beurteilung der Kirche weitgehend abgekoppelt hat.

Die bestehenden Zusammenhänge möchte ich anhand der drei oben beschriebenen Dimensionen – Gottesglaube, Kommunikation über religiöse Themen sowie Glaube an ein Leben nach dem Tod – darstellen.

Darstellung 24: Gottesglaube und Urteil über die Kirche (in %)

		Gottesglaube		Gesamt
		ja	nein	
Urteil über die Kirche	So wie sie ist	8,3%	2,2%	5,1%
	Liberaler	38,2%	35,2%	36,7%
	Weiß nicht	41,5%	38,6%	40,0%
	Andere Kritik	9,0%	11,0%	10,0%
	Distanz	3,0%	13,0%	8,2%
Gesamt		100,0%	100,0%	100,0%
		1321	1430	2751

Der ersten Übersicht ist zu entnehmen, dass kein Zusammenhang zwischen dem Glauben an Gott und dem Urteil über die Kirche festzumachen ist. Diese Feststellung gilt nicht nur für die indifferenten Antwortvorgaben, sondern trotz geringfügiger Unterschiede auch für die einzelnen inhaltlichen Bewertungen. Hinzuweisen ist in der Tabelle allenfalls auf die heterogene Bedeutung der indifferenten Antwort „weiß nicht" als Ausdruck einer sich verflüchtigenden Relevanz der Kirche, als Ausdruck eines individualisierten Religionsverständnisses und als Ausdruck der Unklarheit, wie eine solche Kirche aussehen könnte.

Ganz ähnlich wie bei der letzten Übersicht stellt sich der Zusammenhang zwischen der Kommunikation über religiöse Themen und dem Urteil über die Kirche dar.

Darstellung 25: Kommunikation über religiöse Themen und Urteil über die Kirche (in %)

		Kommunikation über Religion im Freundeskreis		Gesamt
		Ja	nein	
	So wie sie ist	7,0%	3,4%	5,1%
Urteil	Liberaler	41,1%	32,5%	36,7%
über die	Weiß nicht	35,1%	44,5%	40,0%
Kirche	Andere Kritik	11,8%	8,4%	10,0%
	Distanz	5,0%	11,2%	8,2%
Gesamt		100,0%	100,0%	100,0%
		1332	1419	2751

Auch bei diesem Indikator fehlt eine eindeutige Verbindung von religiöser Kommunikation und dem Urteil über die Kirche. Der Tabelle ist zwar zu entnehmen, dass die Befragten, die im Freundeskreis religiöse Themen ansprechen, sich in etwas stärkerem Maße eine liberale Kirche wünschen. Insgesamt spricht die Darstellung jedoch nicht dafür, dass Religiosität und Wahrnehmung der Kirche miteinander verbunden ist.

Die Verbindung zwischen den beiden Merkmalen wird schließlich auch für die 3. Dimension, den Glauben an den Tod als Ende, geprüft und dargestellt. Der folgenden Übersicht ist zwar das gleiche Grundmuster, wie in den beiden zuletzt aufgeführten Tabellen zu entnehmen, in diesem Fall sind die Prozentdifferenzen jedoch geringfügig größer. Im Einzelnen zeigt sich der folgende Zusammenhang:

Darstellung 26: Glaube an den Tod als endgültiges Ende und Urteil über die Kirche (in %)

| | | Zustimmung zur Aussage: Tod als Ende | | Gesamt |
		Ja	nein	
Urteil über die Kirche	So wie sie ist	4,1%	5,6%	5,1%
	Liberaler	28,7%	40,1%	36,7%
	Weiß nicht	45,9%	37,4%	40,0%
	Andere Kritik	7,1%	11,3%	10,0%
	Distanz	14,1%	5,6%	8,2%
Gesamt		99,9%	100,0%	100,0%
		828	1923	2751

Über die getrennte Darstellung des Zusammenhangs zwischen Religiosität und Wahrnehmung der Kirche hinausgehend, so wie sie jeweils einzeln für die drei Dimensionen geprüft wurden, sind zwei weitere Teilfragen von Interesse: Einmal ist zu fragen, ob die geringen Zusammenhänge auch im Extremgruppenvergleich stabil bleiben. Zum anderen ist zu prüfen, ob sich unterschiedliche Orientierungen bei den einzelnen Konfessionen sowie bei den Konfessionslosen ermitteln lassen.

Die folgende Übersicht fasst die beiden Fragen zusammen. Sie gliedert einmal die Antworten danach auf, ob die Befragten an Gott glauben, ob sie über religiöse Themen sprechen und ob sie die Auffassung, mit dem Tod sei alles aus, zurückweisen. Darüber hinaus wird die schon oben benutzte konfessionelle Gliederung durchgeführt. Im Vergleich der Extrem- und der Zwischengruppen zeigt sich für die einzelnen Konfessionen der folgende Zusammenhang zu dem Urteil über die Kirche:

Darstellung 27: Religiöse Einstellung und Urteil über die Kirche nach Art der konfessionellen Zugehörigkeit (in %)

Konfession			Zustimmung zu 3 Kriterien	Andere Antwort	Zustimmung zu keinem Kriterium	Gesamt
Andere	Urteil über die Kirche	So wie sie ist	19,2%	10,3%	5,0%	12,2%
		Liberaler	19,2%	18,8%	10,0%	18,0%
		Weiß nicht	51,8%	47,0%	55,0%	49,2%
		Andere Kritik	5,8%	12,8%	10,0%	10,5%
		Distanz	3,8%	11,1%	20,0%	10,1%
	Gesamt		100,0% 52	100,0% 117	100,0% 20	100,0%
Ev	Urteil über die Kirche	So wie sie ist	13,1%	3,7%	1,8%	5,2%
		Liberaler	46,0%	35,3%	32,1%	36,8%
		Weiß nicht	27,3%	41,7%	41,9%	39,1%
		Andere Kritik	10,8%	11,8%	3,6%	10,4%
		Distanz	2,8%	7,5%	20,6%	8,5%
	Gesamt		100,0% 213	100,0% 765	100,0% 165	100,0%
Rk	Urteil über die Kirche	So wie sie ist	8,4%	4,1%	2,0%	5,1%
		Liberaler	47,5%	44,1%	27,3%	43,5%
		Weiß nicht	34,1%	38,4%	40,4%	37,3%
		Andere Kritik	8,3%	9,2%	10,1%	9,1%
		Distanz	1,7%	4,2%	20,2%	5,0%
	Gesamt		100,0% 299	100,0% 691	100,0% 99	100,0%
Ohne	Urteil über die Kirche	So wie sie ist	4,9%	,5%	1,4%	1,2%
		Liberaler	34,1%	26,9%	10,0%	24,2%
		Weiß nicht	39,1%	44,3%	57,1%	46,4%
		Andere Kritik	19,5%	12,8%	2,9%	11,5%
		Distanz	2,4%	15,5%	28,6%	16,7%
	Gesamt		100,0% 41	100,0% 219	100,0% 70	100,0%

Auf den ersten Blick zeigen sich in der Tabelle zwei charakteristische Befunde: Anders als bei der Darstellung der Einzelmerkmale sind jetzt eher Zusammenhänge zwischen der religiösen Einstellung und dem Kirchenbild zu erkennen. Darüber hinaus ist zu sehen, dass die typischen Muster im Vergleich der konfessionellen Zugehörigkeit recht gleichmäßig verlaufen.

Im Einzelnen ist zu sehen, dass der Anteil der indifferenten Antworten durchweg sinkt. Dies gilt besonders für die Befragten ohne Konfessionszugehörigkeit sowie für die Mitglieder der Evangelischen Kirche. Bei einer Zustimmung zu allen drei Einstellungsdimensionen steigt dafür der Anteil derjenigen, der sich eine liberalere Kirche wünscht. Hier verändern sich die Werte bei den Katholiken und den konfessionslosen Schülern besonders stark.

Veränderungen zeigen sich auch in der Akzeptanz der Kirche in ihrer bestehenden Gestalt. Eine Kirche, so wie sie ist, wünschen sich 13,1 % der Protestanten, die sich auf allen drei Dimensionen religiös äußern, gegenüber 1,8 % in der Gruppe, die keinem der drei Kriterien zustimmen will. Bei den Mitgliedern der übrigen Konfessionen sind die Vergleichswerte zwischen 19,2 % und 5 %. Recht geringe Unterschiede weisen die Prozentwerte der katholischen Schüler auf. Die Extremwerte schwanken hier nur zwischen 8,4 % und 2 %.

Außerordentlich gleichmäßig variiert die grundsätzliche Kritik an der Kirche. Bei den Protestanten liegen die Extremwerte zwischen 2,8 % und 20,6 %, bei den Katholiken zwischen 1,7 % und 20,2 %, bei den Mitgliedern anderer Gruppierungen schwanken sie zwischen 3,8 % und 20 % und selbst bei den Konfessionslosen liegt die Spannweite nur zwischen 2,4 % und 28,6 %.

Auch im Gesamtvergleich dieser Gruppe mit den übrigen befragten Auszubildenden und Schülern wird noch einmal eine nur graduelle und nicht eine systematische Differenz sichtbar.

Fasst man die Ergebnisse des Abschnitts insgesamt zusammen, so stehen sie zunächst in Differenz zu den legitimatorischen Funktionen, mit denen der Religionsunterricht zuweilen überhöht wird, was seiner Aufgabe als Schulfach eher schadet als nützt. Mit den letzten Anmerkungen kam es mir auch darauf an, deutlich zu machen, welche Koppelungen die befragten Jugendlichen herstellen, wenn ihre religiösen Orientierungen wie ihre Wertorientierungen extern entstehen und begründet werden. Im Religionsunterricht erfolgt weder eine ethische noch eine tiefergehende religiöse Sozialisation. Damit verbunden ist zugleich, dass sich religiöse und säkulare Weltbilder nicht, oder nicht mehr gegenüberstehen, sondern in unterschiedlicher Weise miteinander verwoben sind. Vielleicht trägt die Tatsache, dass sich religiöse und nicht-religiöse Menschen durch ihren Glauben, nicht aber durch ihre Werte oder ihren jeweiligen Gesellschaftsbezug unterscheiden, mit dazu bei, dieses Schulfach in Zukunft mit etwas milderen Augen zu betrachten.

Autorenverzeichnis

Uwe GERBER, geboren 1939 in Horb am Neckar, Studium der evangelischen Theologie und Philosophie von 1959 bis 1963, Vikariat und Pfarramt in der Württembergischen Landeskirche, Repetent am Evangelischen Stift zu Tübingen, Studienleiter an der Evangelischen Akademie Loccum, Akademischer Oberrat an der Technischen Universität Darmstadt und außerordentlicher Professor an der Universität Basel.

Peter HÖHMANN, Leiter der Arbeitsstelle für Sozialforschung und Statistik bei der Kirchenverwaltung der EKHN. Diplom-Volkswirt 1968 in Köln. Dr. phil. 1974 in Regensburg. Frühere Tätigkeiten als Assistent und wissenschaftlicher Mitarbeiter an den Universitäten Köln, Regensburg, Bielefeld, Freiburg, Dortmund.

Reiner JUNGNITSCH, geboren 1954, kaufmännische Berufsausbildung, Studium der Theologie und Religionspädagogik in Paderborn und Frankfurt/M. Seit 1985 hauptamtlicher Religionslehrer an den berufsbildenden Schulen in Dieburg. Tätigkeiten in der Lehrerfortbildung und der kirchlichen Erwachsenenbildung. Lehraufträge an der TU Darmstadt. Zahlreiche Veröffentlichungen zur Religionspädagogik.

**Darmstädter Theologische Beiträge
zu Gegenwartsfragen**

Herausgegeben von Walter Bechinger und Uwe Gerber

Band 1 Walter Bechinger / Uwe Gerber / Peter Höhmann (Hrsg.): Stadtkultur leben. 1997.

Band 2 Elisabeth Hartlieb: Natur als Schöpfung. Studien zum Verhältnis von Naturbegriff und Schöpfungsverständis bei Günter Altner, Sigurd M. Daecke, Hermann Dembowski und Christian Link. 1996.

Band 3 Uwe Gerber (Hrsg.): Religiosität in der Postmoderne. 1998.

Band 4 Georg Hofmeister: Ethikrelevantes Natur- und Schöpfungsverständnis. Umweltpolitische Herausforderungen. Naturwissenschaftlich-philosophische Grundlagen. Schöpfungstheologische Perspektiven. Fallbeispiel: Grüne Gentechnik. Mit einem Geleitwort von Günter Altner. 2000.

Band 5 Stephan Degen-Ballmer: Gott – Mensch – Welt. Eine Untersuchung über mögliche holistische Denkmodelle in der Prozesstheologie und der ostkirchlich-orthodoxen Theologie als Beitrag für ein ethikrelevantes Natur- und Schöpfungsverständnis. Mit einem Geleitwort von Günter Altner. 2001.

Band 6 Katrin Platzer: *symbolica venatio* und *scientia aenigmatica*. Eine Strukturanalyse der Symbolsprache bei Nikolaus von Kues. 2001.

Band 7 Uwe Gerber / Peter Höhmann / Reiner Jungnitsch: Religion und Religionsunterricht. Eine Untersuchung zur Religiosität Jugendlicher an berufsbildenden Schulen. 2002.